Capoeira

CIP-BRASIL. CATALOGAÇÃO NA PUBLICAÇÃO
SINDICATO NACIONAL DOS EDITORES DE LIVROS, RJ

V698c
   Vidor, Elisabeth
      Capoeira : uma herança cultural afro-brasileira / Elisabeth Vidor e Letícia Vidor de Sousa Reis. – 1. ed. – São Paulo : Selo Negro, 2013.
      il.

      Inclui bibliografia
      ISBN 978-85-87478-93-1

      1. Cultura afro-brasileira – História. 2.Capoeira – Brasil – História. 3. Capoeira. I. Reis, Letícia Vidor de Sousa. II. Título.

13-04699   CDD: 305.89
                                                                CDU: 316.347

www.selonegro.com.br

Compre em lugar de fotocopiar.
Cada real que você dá por um livro recompensa seus autores
e os convida a produzir mais sobre o tema;
incentiva seus editores a encomendar, traduzir e publicar
outras obras sobre o assunto;
e paga aos livreiros por estocar e levar até você livros
para a sua informação e o seu entretenimento.
Cada real que você dá pela fotocópia não autorizada de um livro
financia o crime
e ajuda a matar a produção intelectual de seu país.

Capoeira
uma herança cultural
afro-brasileira

Elisabeth Vidor
Letícia Vidor de Sousa Reis

CAPOEIRA
Uma herança cultural afro-brasileira
Copyright © 2013 by Elisabeth Vidor e Letícia Vidor de Sousa Reis
Direitos desta edição reservados por Summus Editorial

Editora executiva: **Soraia Bini Cury**
Editora assistente: **Salete Del Guerra**
Capa: **Alberto Mateus**
Imagem de capa: **Palê Zuppani/Pulsar Imagens**
Projeto gráfico e diagramação: **Crayon Editorial**
Impressão: **Sumago Gráfica Editorial**

Selo Negro

Departamento editorial
Rua Itapicuru, 613 – 7º andar
05006-000 – São Paulo – SP
Fone: (11) 3872-3322
Fax: (11) 3872-7476
http://www.selonegro.com.br
e-mail: selonegro@selonegro.com.br

Atendimento ao consumidor
Summus Editorial
Fone: (11) 3865-9890

Vendas por atacado
Fone: (11) 3873-8638
Fax: (11) 3873-7085
e-mail: vendas@summus.com.br

Impresso no Brasil

Este livro é dedicado à memória do amigo
Frede Abreu (1946-2013),
competente historiador de capoeira e grande
em sua simplicidade e generosidade.

SUMÁRIO

Prefácio **9**

CAPÍTULO 1 • Capoeira: "doença moral" e "gymnastica nacional" **15**

Introdução **17**

O mundo da capoeira carioca no século 19 **19**

A repressão **28**

Proclamação da República: por lei, a capoeira se torna crime **31**

A "gymnastica brazileira" **37**

CAPÍTULO 2 • Duas modalidades esportivas de capoeira: regional e de angola **47**

Introdução **49**

"Bimba é bamba": a capoeira regional **50**

"Pastinha já foi à África pra mostrar capoeira do Brasil" **58**

CAPÍTULO 3 • O mundo de pernas para o ar **67**

Introdução **69**

A roda de capoeira: um universo simbólico **72**
O privilégio do baixo corporal: a ginga e os pés **81**
Regional e de angola: duas propostas sociais **93**

Glossário **97**

Referências bibliográficas **99**

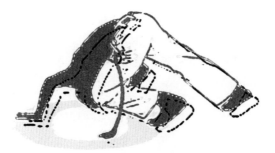

PREFÁCIO

O RECONHECIMENTO DA CAPOEIRA no ambiente escolar era, há muito tempo, esperado por todos aqueles que puderam tomar contato direto com essa arte/luta e comprovaram sua relevância na formação do ser humano.

Apresentar esta obra traz-me, portanto, grande alegria e satisfação, ainda mais por ter sido escrita por pessoas que, além do conhecimento científico, também tiveram experiências práticas com o mundo da capoeira.

Essa condição habilita as nossas autoras a ter uma visão objetiva e subjetiva dessa cultura, o que lhes permite reviver traços importantes da história do Brasil, destacando a presença dos negros e suas formas de vida com uma perspicácia e atenção próprias. Elas descrevem os fatos históricos de maneira sutil, o que provoca uma reflexão mais atenta no leitor.

Há muitos anos tenho dito que a capoeira transformou a maneira como olho para as coisas. E, assim, penso que ela também pode transformar a vida das pessoas de modo geral. Costumo dizer que aprendi a gingar na vida com as situações que nos chegam, sejam elas agradáveis ou não. A capoeira, a partir do princípio da esquiva e da flexibilidade, permite-nos olhar os desafios de diferentes ângulos e amplia as possibilidades de solução.

O conjunto de saberes expressos na capoeira é enorme, sendo vasto o que essa arte/luta tem feito por milhares de pessoas ao redor do mundo, a começar pelo Brasil. Entre as várias culturas de resistência negra construídas em solo brasileiro, a capoeira é uma das mais significativas, constituída com base em culturas oriundas da África, em especial as de matriz banto.

O Brasil é conhecido em vários países por sua cultura, marcada por traços heterogêneos e multiformes e trazendo a contribuição africana como um dos seus selos de relevância. As Leis Federais n. 10.639/2003 e n. 11.645/2008, que alteram a LDB de 1996, tornam obrigatório o ensino das culturas africanas, afro-brasileiras e indígenas nas escolas, possibilitando o reconhecimento e a valorização de sua presença no Brasil por meio da educação. Dessa forma, os grupos africanos e nativos do país poderão ter sua contribuição valorizada na formação do povo brasileiro, de preferência da mesma forma que a cultura europeia.

Ao mostrar que a capoeira educa, demonstra-se a sua capacidade, ainda pouco utilizada, de compor a educação formal ministrada nas escolas brasileiras. A capoeira, ao trabalhar com valores humanos, o faz integrando uma série de práticas, entre elas a música, a ginga e a luta. É uma das poucas manifestações culturais-desportivas que agrega tantos elementos.

De prática perseguida tanto na Monarquia quanto no início da República, a capoeira teve a sua trajetória profundamente alterada a partir de sua liberação oficial. Dessa maneira, não estava apenas livre para acontecer no Brasil, mas também para conquistar o mundo; e assim o fez.

Hoje, a capoeira está espalhada em mais de 170 países, sendo aclamada em todos os lugares. Por meio dela, se divulgou o idioma falado no Brasil e outras culturas do país, como o maculelê, o samba de roda e a puxada de rede. Por isso, pode-se dizer que os capoeiristas têm atuado como "embaixadores" do Brasil pelo mundo, fato que nos faz lembrar a música *Chuck Berry Fields Forever*, de Gilberto Gil, na qual o compositor baiano demonstrou o alcance da música africana nos seguintes versos: "E assim gerados, a rumba, o mambo, o samba, o rhythm'n'blues/Tornaram-se os ancestrais, os pais do rock and roll".

A capoeira, assim como a música negra, alterou as estruturas do convencional e estabeleceu uma reinvenção da lógica dada. Ao longo de sua história, ela vem se reestruturando com base em suas heranças mais tradicionais e no diálogo que desenvolve com a atualidade. É tradicional porque guarda em si os valores da ancestralidade e o respeito aos mais velhos, além da oralidade e da transmissão geracional como mais importante forma de continuidade. Mas, acima de tudo, é tradicional porque não está presa a um passado remoto; muito pelo contrário, permanece viva e dinâmica no mundo de hoje.

É válido destacar que uma cultura tradicional não se prende ao passado. Ela o valoriza, mas o faz em tempo presente, ocupando uma espacialidade e uma temporalidade que permitem à tradição estar sempre em comunicação. Para o indivíduo que dela participa, uma ideia de unidade e inteireza o envolve, e essa condição é permeada no coletivo. Desse modo, aprende-se a ser, mas com o outro – o indivíduo é precioso quando toma consciência de si e do outro.

Os capoeiristas, ao formar a roda, recriam o mundo. Tomam para si, em um espaço simbólico, um tempo coletivo, no qual se redescobre a poética da vida, as suas nuanças, os seus momentos de maior e menor agitação. Os capoeiristas jogam, vadiam (como diziam os antigos), mas também brincam, "mandingam". A luta, dessa maneira, não é agressiva em sua essência, mas nem por isso deixa de ser perigosa e eficaz.

Que luta é essa em que os adversários sorriem e se cumprimentam, estabelecendo entre si um acordo – não dito, mas vivido – em que a ética possibilita à luta virar jogo?

A construção da capoeira retrata, em grande parte, o que o historiador francês Michel de Certeau fez em seu estudo do cotidiano, em que os grupos humanos aparentemente dominados criam e inventam a sua existência diante de uma ordem dada.

A capoeira é inventiva, criativa, como tinha de ser o escravizado diante de um sistema que lhe era imposto e visava retirar-lhe a dignidade. A capoeira transformava o olhar, era o "mundo de pernas para o ar", nos dizeres de nossas autoras. Era a desconstrução do estabelecido para o estabelecimento também do outro, daquele que deveria estar de fora.

A análise polemológica de Certeau, que consiste na ideia das contraposições que existem na situação de conflito, é eficaz ao traduzir essa construção: trata-se da "luta do fraco contra o forte" – na linguagem da capoeira. É no piscar de olhos do dominador que ela se sobrepõe de um salto e aplica o golpe; é na distração da guarda que a queda se impõe.

O panótico é a ideia de que quem ocupa o poder consegue observar e controlar tudo e todos, um fenômeno estudado pelo filósofo francês Michel Foucault. No entanto, na perspectiva de Certeau, esse olhar distrai-se em algum momento e relaxa; é quando o oprimido estabelece um movimento, uma ação que não mais pode ser pega, denunciada, apreendida. É assim a capoeira: ela coincide de modo surpreendente com a realidade dos povos oprimidos, daqueles tidos como fracos diante daqueles tidos como fortes na estrutura social estabelecida.

O grande mestre Pastinha, da capoeira de angola, dizia que o capoeirista é atento, cuidadoso, manhoso e sagaz. Deve ter habilidades físicas, mas acima de tudo morais para caminhar e saber para onde quer ir.

O saudoso mestre Bimba, fundador da capoeira regional, falava do valor da palavra, em que o que se diz vale, pois ele vivia e praticava aquilo que professava. A mente, a palavra e a ação formam um todo que equilibra e harmoniza o ser humano.

Portanto, o equilíbrio do capoeirista não é apenas físico, mas também psíquico e espiritual. São essas características que o poder institucional não capta – as coisas são o que são, mas o lidar com elas é diferente. O que para uns é o combate franco e direto, para outros é o fluir da água, que sempre alcança o seu destino, por mais que isso demore. A paciência é um dos maiores atributos que a capoeira ensina.

Os espaços são deslocados, o certo fica incerto e o aparentemente fixo é revelado em sua dinâmica. A expressão gingante, que faz fluir os movimentos em um diálogo com o outro, torna a arte-luta uma poética dançada, que exprime a sua magnitude quando a inteireza do ser é buscada. Os corpos gingam, a mente ginga e o espírito ginga. Esse universo do ser humano, tão mágico, é ainda mais encantado com a música, que se dirige ao corpo e à alma, ao passado e ao futuro – estes, porém, celebrados no presente concreto da ação e da reação. O passado é "presente" na trajetória do discípulo. O futuro é esperançado no encanto daquele que sonha e, portanto, não desanima, apesar das dificuldades.

Essa construção criativa é constante, se faz no coletivo, porém preservando a individualidade e o modo de ser de cada um. A apropriação dessa estética tem o espaço e o tempo comum como base, mas se estabelece no interior do sujeito em tempo e espaço próprios.

O livro das pesquisadoras Elisabeth Vidor e Letícia Vidor de Sousa Reis nos convida a gingar, a compreender a nossa história, a perceber a nossa sociedade de outro modo, a sair da visão convencional, a deslocar-nos, a conversar com o outro, a ver o outro não como adversário, mas como parceiro de uma jornada.

Esta obra colabora de modo considerável para que não somente os pressupostos da lei sejam atendidos, mas principalmente para nos colocar diante de nós mesmos, a partir de algo concreto de nossa experiência civilizatória e da nossa cultura. *Iê! Viva meu Deus! Iê! Viva meu mestre! Iê ! Volta do mundo, camará!*

ANTONIO FILOGENIO DE PAULA JUNIOR
Batuqueiro (Batuque de Umbigada – Projeto Casa de Batuqueiro),
capoeirista (Escola de Capoeira Raiz de Angola/Mestre Zequinha),
teólogo, filósofo e mestre em Educação

CAPÍTULO 1

Capoeira: "doença moral" e "gymnastica nacional"

*Olha lá, siri de mangue
Todo tempo não é um
Quero ver se você guenta
Com a presa do guaiamum*

(Cantiga de capoeira: *Folclore*)

Introdução[1]

SURGIDA PROVAVELMENTE nos QUILOMBOS[2] brasileiros, quando o Brasil ainda era colônia de Portugal, a capoeira era utilizada como meio de defesa pelos escravos em suas fugas, já que eles não portavam armas. Não há indicações seguras de que a capoeira, da forma como a conhecemos no Brasil, tenha se desenvolvido em qualquer outra parte do mundo. Não existem ainda pesquisas históricas sobre a capoeira dos séculos 16, 17 e 18 para que se possa reconstruir o processo que levou seu deslocamento do campo para a cidade. As primeiras referências históricas a respeito dos CAPOEIRAS urbanos datam do início do século 19.

1. Este livro baseia-se na dissertação de mestrado de Letícia Vidor de Sousa Reis, defendida em 1992 sob a competente orientação da professora doutora Paula Montero, do Departamento de Antropologia da Faculdade de Filosofia, Letras e Ciências Humanas da Universidade de São Paulo.
2. O significado desta palavra e de todas apresentadas neste livro com o mesmo estilo está no Glossário do final deste livro. [N. E.]

Embora perseguida durante todo o período da Monarquia (1808-1889), apenas em 1890 foi promulgada uma lei que tornava a prática da capoeira crime, permanecendo assim até a década de 1930, quando finalmente foi liberada, durante o Estado Novo (1937-1945).

Em 1878, por exemplo, o chefe de polícia da cidade do Rio de Janeiro considerava a capoeira uma "doença moral que PROLIFERA em nossa civilizada cidade". No entanto, um pouco mais tarde, no começo do século 20, alguns intelectuais e militares cariocas veriam a capoeira como uma "lucta nacional"[3] e uma "excellente gymnastica", que deveria ser ensinada "nos colégios, quartéis e navios" de todo o país.

Quem eram os capoeiras que povoavam as ruas de algumas das principais cidades brasileiras no século 19 – entre elas, Rio de Janeiro, Salvador e Recife – e, pela intensidade da perseguição que sofreram, tanto medo provocavam nas elites brasileiras daquela época?[4]

Os autores que pesquisaram a documentação policial durante o século 19 deram as principais pistas para tornar possível penetrar no mundo da capoeira dessa época, em razão da grande quantidade de decretos e PORTARIAS que limitavam sua prática durante o período de 1821 a 1889 (Documentação jurídica, 1988). Nessa época, produziu-se grande número de ocorrências que, embora tenham sido escritas por autoridades policiais e, portanto, apresentassem sua versão dos fatos, acabaram

---

3. O texto que aparece entre aspas corresponde a palavras extraídas de documentos históricos pesquisados pelas autoras. [N. E.]
4. É importante notar que as informações apresentadas aqui referem-se apenas à cidade do Rio de Janeiro.

O mundo da capoeira carioca no século 19

Até a metade do século 19, a capoeira é tida como uma atividade praticada principalmente pelos escravos. Observando o conteúdo dos decretos que punem os capoeiras, publicados entre 1821 e 1834, vemos que três deles se referem aos "escravos capoeiras", dois tratam do castigo dos AÇOITES aplicado aos escravos e outros quatro decretos pedem que sejam tomadas medidas para impedir a atuação dos "negros chamados capoeiras", "pretos capoeiras", "capoeiras e malfeitores" e capoeiras "suspeitos de andar armados" (Documentação jurídica, 1988).

Ou seja, desses nove decretos, todos eles relacionando a prática da capoeira a pessoas negras, cinco deles a ligam exclusivamente a escravos. Quatro decretos não fazem referência explícita à CONDIÇÃO JURÍDICA do negro, mas podemos percebê-la pelo menos em dois casos: a) o negro que foi acusado de assassinato trabalhava como operário no Arsenal da Marinha, o que o tornaria um trabalhador escravo a serviço do Estado; b) a referência à relação entre capoeiras e "negros que viviam no mato" nos leva a pensar em escravos fugitivos que tentavam sobreviver "assaltando PASSAGEIROS".

Os dados reunidos por Soares (1994) confirmam essa grande presença de escravos capoeiras na primeira metade do século 19. Para ele, a capoeira foi uma "invenção escrava e urbana do Brasil", ainda que marcada por uma forte herança africana. O livro de matrícula da Casa de Detenção do Rio de Janeiro no ano de 1863 serviu de base para Soares (1994) extrair algumas informações sobre o universo do escravo capoeira: em geral se agrupavam em maltas (essa era a denominação policial para os bandos de capoeiras, também conhecidos como "partidos", "casas", "guaias", "nações" ou "províncias") e eram artesãos de profissões variadas, de sapateiros a pedreiros. A maioria dos escravos capoeiras tinha entre 26 e 35 anos, tanto os escravos crioulos, isto é, nascidos no Brasil, quanto os africanos. Era marcante a presença de crioulos e mestiços brasileiros com menos de 15 anos e entre 15 e 20 anos, enquanto uma grande quantidade de africanos aprisionados estava na mesma faixa etária dos chefes de malta ou ao menos daqueles já em condição de iniciar os aprendizes.

FIGURA 1. Esta litografia de Frederico Guilherme Briggs de 1840 mostra negros capoeiras do Rio de Janeiro que serão castigados por "capoeira" (na linguagem policial).

É importante notar também, como mostra Soares (1994), que a origem africana dos escravos capoeiras presos acompanha a distribuição étnica existente na cidade do Rio de Janeiro

Capoeira   21

naquele momento: dos 24 africanos, 16 eram da África Centro-Ocidental (Angola, sul do Congo e áreas limítrofes), seguidos daqueles nascidos na África Oriental e na África Ocidental.

Aos poucos, porém, como demonstram os dados estatísticos compilados por Soares (1994) – e também as observações dos contemporâneos –, a partir da metade do século 19, além dos escravos que continuavam envolvidos, o número de praticantes de capoeira aumentou e incluía agora também libertos e pessoas livres. De acordo com Bretas (1991), entre dezembro de 1870 e maio de 1871, a polícia militar carioca efetuou 171 prisões. A capoeira ocupava o terceiro lugar no motivo dessas detenções (22 pessoas), seguida de desordem e embriaguez. Entre os capoeiras presos, 10 eram escravos e 12 eram homens livres, sendo um deles de nacionalidade portuguesa. Em relatório entregue ao ministro da Justiça em 1878, o chefe de polícia da cidade do Rio de Janeiro, como prova de seu grande esforço para combater os capoeiras, anunciou a prisão naquele ano de 645 capoeiras, dos quais 507 eram homens livres e 138, escravos.

Ao investigar a composição étnica e social das duas grandes maltas de capoeiras, os Nagoas e os Guaiamus, formadas a partir de 1850, Soares (1994), com base nos livros de matrícula da Casa de Detenção do Rio de Janeiro das décadas de 1860 a 1890, observou também a mesma tendência ao crescimento da prática da capoeira entre livres e libertos. Apesar de a maioria das maltas ser formada por negros e mestiços, elas eram compostas também por homens brancos.

Nesse registro surpreendente de brancos entre os componentes de maltas de capoeira, destaca-se a intensa participação do imigrante português. Entre 1861 e 1868, 66,7% dos presos por praticar capoeira eram brasileiros e 33,3% eram portugueses. Embora, como Soares (1994) alerta, o recrutamento de brasileiros para a Guerra do Paraguai (1865-1870) e a maior VULNERABILIDADE dos imigrantes recém-chegados ao país possam ajudar a explicar a alta porcentagem de capoeiras portugueses presos, os dados coletados indicam a influência definitiva deles até mesmo nas técnicas de luta da capoeira, como a expansão do uso da navalha.

Embora a capoeira baiana seja considera a mais tradicional do Brasil hoje, os dados relativos à origem dos capoeiras que atuaram nas ruas da cidade do Rio de Janeiro durante as últimas décadas do século 19 comprovam a grande predominância de cariocas.

FIGURA 2. Mestre Kenura (à esquerda) aplica uma bênção em seu adversário, que se esquiva. Na capoeira das ruas da cidade do Rio de Janeiro do começo do século 20, o movimento era chamado "meter o andante" – ou seja, aplicar um golpe com o sapato ou com o pé.

Embora as REPRESENTAÇÕES SOCIAIS sobre os capoeiras de fins do século 19 os associem a vadios, vagabundos ou ladrões, a análise das profissões declaradas por eles mostra outra realidade. Tomando como referência alguns anos das três últimas décadas do século 19, Soares (1994) mostrou a diversidade das ocupações urbanas relacionadas ao setor de prestação de serviços. Entre os detidos nas décadas de 1860 e 1870, o artesanato figurava como a profissão de mais da metade das ocupações declaradas pelos capoeiras livres. Também em 1881, 1884 e 1888 prevalecem os trabalhadores artesãos, o que é válido ainda para 1890.

Os capoeiras inseriam-se, então, no universo profissional da maior parte da população economicamente ativa da cidade do Rio de Janeiro da época, composta, em geral, por JORNALEIROS e empregados nos serviços domésticos. Durante todo o período da Primeira República (1889-1930), embora os dados estatísticos desmintam, o mesmo ESTIGMA de vadiagem marcará as representações sociais sobre os capoeiras, como conclui Pires (1996, p. 154-5) em sua análise dos processos-crime dirigidos contra os capoeiras desse período:

> por muitas vezes os processos por capoeira (artigo 402) estiveram acompanhados do artigo por vadiagem (artigo 399), pois os capoeiras apareceram nos discursos das autoridades policiais e nos debates parlamentares como grupos de ociosos, vadios, estando entre aqueles que se negavam a pagar suas "dívidas" para com a comunidade através do trabalho.

Ao contrário do que se poderia pensar, portanto, a capoeira, pelo menos a partir da década de 1870, não era praticada apenas por negros e pobres, mas também pelos brancos e até mesmo por aqueles que pertenciam aos grupos mais influentes.

Entre os capoeiras brancos, alguns eram provenientes das camadas mais abastadas da população carioca – os "cordões elegantes", como eram conhecidos. O caso mais famoso dessa ligação da elite da época com a capoeira é o de José Elísio dos Reis, conhecido como Juca Reis, filho do conde de Matosinhos – figura destacada da colônia portuguesa da época –, cuja prisão foi um dos acontecimentos mais comentados da repressão à capoeiragem, já que quase causou uma crise institucional na República que acabara de ser proclamada.

O pai de Juca Reis era proprietário do jornal *O Paiz*, dirigido por Quintino Bocaiúva durante a campanha republicana. Juca era um excelente capoeira e tivera algumas pequenas passagens pela polícia. Quando voltou ao Brasil para tratar de questões de herança em razão do falecimento de seu pai, foi surpreendido, em abril de 1890, pela prisão arbitrária efetuada pelo maior perseguidor dos capoeiras daquela época, o chefe de polícia Sampaio Ferraz, cujo apelido era Cavanhaque de Aço.

Bocaiúva, agora ministro das Relações Exteriores, pediu que Juca Reis fosse solto, mas não foi atendido, ameaçando então renunciar. O presidente Deodoro da Fonseca o convenceu a mudar de ideia. O acordo a que chegaram obrigava o capoeira Juca Reis a ir para a ilha de Fernando de Noronha e depois para Portugal.

Apesar de os dados estatísticos às vezes passarem a impressão de que os capoeiras estavam dispersos, a leitura de alguns cronistas da época revela a surpreendente organização dos capoeiras em maltas. Há poucas referências à existência desses grupos durante todo o século 19.

Escrevendo sobre os capoeiras do Segundo Império (1840-1889), Mello Moraes Filho (1979, p. 258-63) cita a localização geográfica de algumas dessas maltas, que eram formadas por "grupos de vinte a cem que, à frente dos batalhões, dos préstitos carnavalescos, nos dias de festas nacionais etc., provocam desordens, ESBORDOAM, ferem..." A malta Cadeira da Senhora ficava na FREGUESIA de Sant'Ana; a Três Cachos, na freguesia de Santa Rita; a Franciscanos, na freguesia de São Francisco de Assis; a Flor da Gente, na freguesia da Glória; a Espada, no Largo da Lapa; a Guaiamum, na Cidade Nova; a Monturo, na Praia de Santa Luzia, entre outras.

Em seu trabalho, Soares (1994) dedica-se a um estudo cuidadoso de tais grupos. Ele analisa a composição étnica e social de seus membros e procura definir seus padrões de conduta, além de reconstituir a história das duas maiores maltas rivais da cidade do Rio de Janeiro, formadas a partir de 1850: os Nagoas e os Guaiamus. De acordo com o autor, no Segundo Império, os Guaiamus controlavam a parte mais importante da cidade, que correspondia à região central, enquanto a área dominada pelos Nagoas circundava a de seus adversários, incluindo a periferia da chamada Cidade Velha. Entre os Nagoas, prevaleciam pessoas pertencentes a algumas das etnias africanas que viviam na Corte (isto é, na cidade do Rio de Janeiro), sendo a maioria dos Guaiamus composta por pessoas nascidas no Brasil:

os Nagoas seriam identificados com uma tradição escrava e africana, remontando [ao início] da sociedade urbana, na virada do século 18 para o 19. Os Guaiamus deveriam ser ligados a uma raiz nativa e mestiça, próxima da dos libertos e pardos, que teve grande projeção a partir da [segunda] metade do século 19, quando homens livres, imigrantes portugueses, brancos pobres, vindos do interior e crioulos chegados de todas as províncias [pouco a pouco] somaram a maioria esmagadora da população trabalhadora. (Soares, 1994, p. 95)

Os cortes de cabelo, as cores das fitas, os tipos de chapéu e a maneira de usá-los diferenciavam os Nagoas dos Guaiamus e, certamente, como sugere Soares (1994), serviam para distinguir etnias, posição social ou condição jurídica. Moraes Filho (1979, p. 258) afirma que

as maltas eram compostas de africanos, que tinham como [características] as cores e o modo de BOTAR A CARAPUÇA, ou de mestiços (alfaiates e charuteiros) que se davam a conhecer entre si pelos chapéus de palha ou de feltro cujas abas reviravam, segundo convenção.

Os Nagoas usavam chapéu com uma fita branca sobre outra vermelha e uma das abas batidas para a frente. Os Guaiamus, por sua vez, usavam chapéu com uma fita de cor vermelha sobre outra branca, com uma das abas levantadas para a frente (L. C., 1906).

Nagoas e Guaiamus espalhavam-se pelo espaço da cidade do Rio de Janeiro, loteando-o, apropriando-se dele e promovendo sua divisão. A rivalidade pelo território seria um dos principais motivos dos conflitos entre as maltas. Nessa disputa, estavam em jogo prestígio, posições e certos privilégios sobre o "pedaço". O fato de uma malta invadir os domínios de outra era considerado provocação e muitas vezes resultava em morte:

Quando, por exemplo, a banda de música sahe do centro da cidade, isto é, da terra dos Guayamús e dirige-se para os lados da Lapa ou Cidade Nova, os capoeiras que pertencem àquelles partidos acompanham o batalhão, prevenidos para o encontro com os Nagoas, visto irem à "terra alheia".

Estes já os esperam e, chegada a música ao local onde se acham, sahe o carrapeta (pequeno esperto e atrevido) de entre os companheiros e [berra] em direção aos Guayamús: " – É a Lapa!... é a Espada!", quando é daquela província. "– É a Senhora da Cadeira!", quando é de Sant'Anna. "– É o Velho Carpinteiro!", quando é de São José. E assim por diante. Então trava-se a luta. Quando há morte de algum partidário, os outros não descansam enquanto não DESCOBRAM aquella morte. (Abreu, s/d)

O texto descreve uma parada militar acompanhada por maltas de capoeiras rivais. Aliás, os capoeiras costumavam fazer aparições públicas em desfiles como esse, em procissões religiosas e também em festas carnavalescas, quando aproveitavam para exibir suas habilidades (Soares, 1994, p. 73). Assim, o espaço da cidade é aqui reapropriado pelos grupos que ocupavam e dominavam territórios específicos, denominados "terra dos Guayamús" (centro da cidade) e "terra alheia" (Lapa ou Cidade Nova), de seus inimigos Nagoas.

Para entrar nas maltas, os capoeiras faziam um juramento nas torres das igrejas (aliás, essas torres, por serem locais estratégicos em momentos de fuga, eram bastante frequentadas pelos capoeiras, inclusive para treinos). Os dados estatísticos levantados por Soares (1994) mostram que os capoeiras, em sua maioria, eram homens jovens com idade entre 15 e 20 anos. Para conquistar a posição de chefe de malta, era necessário ter duas qualidades: valentia e prudência. Conhecidos geralmente por seus apelidos, alguns ficaram famosos: Manduca da Praia (até hoje cantado nas rodas de capoeira), Chico Carne-Seca, Aleixo Açougueiro, Pedro Cobra e Maneta, entre outros.

A repressão

Na primeira metade do século 19, o principal motivo de prisão dos capoeiras, em sua maioria escravos, era a própria prática da capoeira. A partir de 1850, quando a capoeira passou a incluir também pessoas livres e libertas, a prisão "por capoeira" tende a desaparecer da documentação.

Porém, os motivos que acompanham a prisão "por capoeira", presentes durante todo o século 19, esclarecem um pouco mais sobre a razão da perseguição aos capoeiras. Dessa forma, eles são também acusados de "promover desordem", o que leva à "perturbação da ordem pública". O fato de "andar armado" e de "cometer ferimentos" em "PEDESTRES", às vezes durante confrontos entre maltas rivais, é também citado como motivo de prisão em várias ocorrências policiais. A lei que tornou a capoeira crime, em 1890, aponta com clareza o motivo da perseguição: provocar "tumultos ou desordens, ameaçando pessoa certa ou incerta, ou [inspirando] temor de algum mal" (Rego, 1968, p. 292).

FIGURA 3. Esta gravura, de Augustus Earle (1822), mostra uma cena comum na cidade do Rio de Janeiro durante quase todo o século 19: um guarda prepara-se para reprimir os dois capoeiras.

Se considerarmos os motivos da perseguição, "ser capoeira" significava apresentar algum nível de ameaça à ordem da sociedade escravista brasileira. Quanto aos escravos capoeiras, até 1850 o açoite era o castigo mais comum a eles aplicado. Em 1824, a pena prevista era de 200 açoites, caindo para 150 em 1845 (Documentação jurídica, 1988). Além do açoite, eles também eram punidos com trabalho obrigatório em obras do governo. Até a primeira metade do século 19, a pena do açoite, por vezes acompanhada de PALMATOADAS ou de trabalho obrigatório, foi sistematicamente aplicada aos escravos capoeiras. Como comprova o historiador Thomas Holloway (1989), a prática da capoeira era vista pela polícia como um comportamento a ser punido e corrigido pelas próprias autoridades policiais, sem a necessidade de abertura de processos policiais.

Assim, o castigo dos açoites imposto aos capoeiras era executado pelas patrulhas policiais no momento da prisão.

Mas, com a introdução do Código de Processo Penal do Império, em 1832, a aplicação de açoites só poderia ser empregada mediante processo policial. Entretanto, com base na reforma desse Código, aprovou-se, em 1845, uma medida prevendo que os escravos presos por motivo de capoeira fossem castigados com 100 açoites e empregados em trabalhos forçados por um mês. Poucos meses depois, provavelmente por causa de reclamações dos proprietários, que ficavam sem seus escravos por 30 dias, o número de açoites foi aumentado para 150, eliminando-se os trabalhos forçados.

Quanto aos capoeiras presos cuja condição jurídica era a de libertos ou de livres, a aplicação de penas era dificultada pelo fato de a capoeira não ser considerada crime previsto em lei. Segundo documentação policial, um dos recursos mais utilizados pelas autoridades policiais para puni-los, em especial na década de 1860, foi o recrutamento militar forçado, em razão da necessidade de soldados para a Guerra do Paraguai.

Em 1872, ouvem-se as primeiras vozes pedindo que a capoeira se tornasse crime. Em 1878, novamente se fala no assunto. No entanto, se até aqui os capoeiras eram perseguidos principalmente porque ofereciam algum tipo de ameaça física aos "pacíficos cidadãos", agora o argumento principal é outro. Referindo-se à capoeira como uma "doença moral" que se multiplica na "grande e civilizada cidade", o chefe de polícia da cidade do Rio de Janeiro ressalta a necessidade de tornar a capoeira crime, sugerindo a deportação dos estrangeiros e a prisão dos brasileiros.

Proclamação da República: por lei, a capoeira se torna crime

Embora a capoeira não fosse ainda considerada crime, os capoeiras estrangeiros, cuja presença torna-se importante no final do século 19, eram tratados como criminosos. Enquanto os capoeiras brasileiros (escravos ou não) eram punidos sem maiores formalidades, os estrangeiros eram julgados com base em leis específicas.

Com a publicação do novo Código Penal, em 11 de outubro de 1890, logo após a proclamação da República, a capoeira torna-se finalmente um crime. O capítulo que tratava "Dos vadios e capoeiras" dizia em seu artigo 402:

> Fazer nas ruas e praças públicas exercícios de agilidade e destreza corporal conhecidos pela denominação capoeiragem; andar em correrias, com armas ou instrumentos capazes de produzir uma lesão corporal, provocando tumulto ou desordens, ameaçando pessoa certa ou incerta, ou incutindo temor de algum mal. Pena de prisão [...] de dois a seis meses. Parágrafo único: é considerada circunstância agravante pertencer o capoeira a algum bando ou malta. Aos chefes e [líderes] se imporá a pena em dobro. (Rego, 1968, p. 292)

Convém observar que um mesmo capítulo da lei trata de vadios e capoeiras. Nesse artigo, a prática da capoeira é considerada crime, porque ameaça a "ordem pública" e a "segurança dos cidadãos". Procura-se, ainda, acabar com a organização coletiva das maltas por meio de punição maior aos seus integrantes.

Mas, aqui, cabe uma questão fundamental: se o texto dessa lei, que passou a considerar a capoeira crime, referia-se exatamente às mesmas práticas do período do Império, por que só agora isso acontece? No dia 10 de dezembro de 1889, o jornal *Diário de Notícias* informa que o ministro da Justiça e o chefe do Corpo de Polícia, Sampaio Ferraz, haviam tomado medidas visando o extermínio da capoeiragem. Nos dias que se seguiram, a polícia iniciou uma onda de prisões.

Em uma semana, foram presos 111 capoeiras. Se, nos dias imediatamente seguintes à proclamação da República, os capoeiras eram detidos mediante a apresentação de uma nota de culpa, após a decisão do dia 10 de dezembro o ARBÍTRIO passou a ser a regra para a sua detenção.

Essa fase mais dura da repressão aos capoeiras veio antes da própria publicação do Código Penal que considerou a capoeira crime, o que só aconteceu em outubro de 1890. No entanto, entre a ascensão de Sampaio Ferraz ao cargo de chefe de polícia e a publicação do Código, a pena mais comum aplicada aos capoeiras parece ter sido a deportação para a ilha de Fernando de Noronha e, menos frequentemente, para Mato Grosso. Muitos deles, porém, permaneceram por tempo indefinido na Casa de Detenção da cidade do Rio de Janeiro ou foram recrutados para o serviço militar (Salvadori, 1990).

Diante das constantes acusações de omissão da polícia do Império em relação aos capoeiras, a nova polícia republicana procurou diferenciar-se promovendo uma feroz perseguição a eles. Tal ação policial recebeu apoio da população por meio de manifestações explícitas, como a do TROCISTA Baptista, publicada no jornal *Diário de Notícias* em 19 de janeiro de 1890:

> É polícia das primeiras
> É levadinha do diabo
> Deu cabo dos capoeiras
> Vai dos [ladrões] dar cabo
> Já da navalha afiada
> A ninguém o medo aperta
> Vai poder a burguesada
> Ressonar com a porta aberta
> (Bretas, 1991, p. 250)

Nesse processo progressivo de tornar a capoeira crime, é importante dizer que a manutenção dessa prática no nível da infração penal, durante todo o período imperial, interessou muito a alguns setores da classe dirigente.

Comecemos apontando a união entre a ordem e a desordem no que se refere à utilização de capoeiras como capangas eleitorais pelos políticos do Império. O estudioso Mello Moraes Filho (1979, p. 258), em artigo já citado, faz referência à importância da atuação dos capoeiras em cujo "ombro [inflexível] escorou-se até há pouco o senado e a câmara para onde, à luz da navalha, muitos dos que nos governam subiram". Moraes Filho destaca ainda a "poderosa influência dos capoeiras [nas eleições], quando decidiam das votações, porque ninguém melhor do que eles agrupava [maltas], [enchia as urnas], afugentava votantes" (p. 260).

A eficiência da organização das maltas de capoeiras possibilitava-lhes atuar como forças PARAMILITARES no período das eleições. Soares (1994) realizou uma cuidadosa investigação sobre o papel fundamental da capangagem política exercida pelos capoeiras. Acertadamente, o autor evita tratar as maltas como agentes passivos nas mãos dos partidos políticos da época, chamando atenção para o fato de que suas opções políticas resultavam de escolhas independentes, baseadas em avaliações do contexto histórico do momento, o que marca um novo modo de participação popular no jogo político, até aquele momento restrito às elites.

Embora alguns políticos do Partido Liberal também utilizassem capoeiras como capangas eleitorais, os membros do Partido Conservador foram mais hábeis em trazê-los para si e selaram com as maltas uma sólida aliança política que durou de 1870 a 1890.

Manduca da Praia, por sua vez, famoso capoeira carioca da primeira metade do século 19 e "'eleitor da freguesia de São José', nas eleições dessa freguesia, dava cartas e pintava o diabo com as cédulas'". Embora tenha respondido a 27 processos por ferimentos leves e graves, Manduca fora sempre absolvido "por influência pessoal e dos seus amigos" (Moraes Filho, 1979, p. 263).

Essa aliança entre a ordem e a desordem também está presente na incorporação dos capoeiras às forças militares e policiais, seja devido às práticas de favor, seja, mais comumente, em virtude do recrutamento militar forçado.

Uma representação positiva dos capoeiras relaciona-se à sua participação como heróis nacionais durante a Guerra do Paraguai, como mostra a notícia publicada em 1890, quando foram realizadas festas em comemoração à Batalha do Riachuelo.

O redator refere-se aos vencidos da guerra, a quem nenhuma glória é dada, citando então o capoeira Marcilio Dias como um herói que defendera o Brasil a bordo do navio Parnayba:

Marcilio era rio-grandense e foi recrutado quando CAPOEIRAVA à frente de uma banda de música. Sua mãe, uma velhinha ALQUEBRADA, [implorou] para que não levassem o filho; foi EMBALDE. Marcilio partiu para a guerra e morreu legando um exemplo e um nome. (*Correio Paulistano*, 1890)

O recrutamento forçado para o serviço militar, intensificado durante a Guerra do Paraguai, que custou a vida de centenas de negros, foi um dos recursos de que se serviu a Monarquia para livrar-se das pessoas consideradas indesejáveis, entre os quais os capoeiras.

No entanto, há vários relatos de capoeiras que, de dentro da ordem, a corroíam. Na documentação jurídica, há um grande número de ocorrências nas quais aparecem policiais (civis e militares), bombeiros ou membros da Guarda Nacional, do Exército e da Marinha como capoeiras. Esse foi o caso de Felisberto do Amaral, alistado na Guarda Nacional que, segundo requerimento do chefe de polícia do Rio, em 1859, deveria ser transferido para o posto de recruta do Exército porque

é muito perigoso e reconhecido como chefe dos capoeiras que se reúnem na freguesia de Santa Rita, sendo ele próprio que, por ocasião de ser perseguida uma malta de capoeiras naquele lugar, arremessou um tijolo sobre o pedestre Lúcio Feliciano da Costa, que ficou ferido na cabeça. (Holloway, 1989, p. 136)

Entretanto, também a polícia monárquica foi alvo de críticas, que apontavam a parceria entre os agentes da ordem e os capoeiras. As denúncias recaíam sobre a admissão de capoeiras nos quadros da própria polícia, em consequência de práticas clientelistas. O cronista Omnibus, do jornal *A Cidade do Rio*, em fins de 1889, aplaudindo o desempenho do novo chefe de polícia da recém-instalada República, Sampaio Ferraz, escreve:

> Bravo! A capoeira é a praga pior que o Império nos legou. Quando a polícia se resolvia a reprimir e castigar o exercício da capoeiragem, as medidas limitavam-se a assinatura de termo de bem viver e a dois ou três dias de prisão. Da prisão saía o capoeira com a vida garantida: alistava-se na polícia secreta. (Bretas, 1991, p. 62)

Alguns autores têm realçado a popularidade da Monarquia entre os negros. José Murilo de Carvalho (1977), refletindo sobre a baixa receptividade que o novo regime republicano obteve entre a população negra, sugere que a queda da Monarquia teria ocorrido justamente quando esta atingia seu maior índice de popularidade entre os negros, talvez em consequência da abolição da escravidão. O autor lembra a simpatia popular de que passou a gozar a princesa Isabel após o 13 de maio de 1888, bem como seu pai, D. Pedro II, cuja festa de aniversário, em 2 de dezembro desse mesmo ano, foi bastante concorrida.

Diante da reação negativa da população negra quanto à República, a orientação do pensamento republicano se construirá em dupla oposição no que se refere ao negro, considerando-o, ao mesmo tempo, inimigo político e inimigo social.

O detalhamento dessa aliança entre a ordem e a desordem, no tocante às relações entre capoeiras e defensores da Monarquia, talvez nos ajude a responder por que serão exatamente os capoeiras um dos principais alvos da repressão policial nos primeiros tempos da República, atingindo seu ponto máximo quando a capoeira passa a ser considerada crime, em outubro de 1890. Para que se compreenda a mudança nos significados sociais da capoeira entre fins do século 19 e princípio do 20, é preciso situá-la no quadro mais geral das manifestações culturais de raízes negras do período (samba, batuque, candomblé etc.). Como explica Schwarcz (1987, p. 230-2), os novos cidadãos eram condenados, em fins do século 19, em razão de suas práticas serem vistas como "bárbaras". Da mesma forma que o "samba de pretos", os "capoeiras vagabundos e assassinos" ameaçavam o *status* civilizatório da nação brasileira então em formação, cuja viabilidade o caos racial punha em risco. Ainda de acordo com Schwarcz (1987), entre 1888 e 1900 as representações sociais produzidas sobre os negros intensificarão principalmente dois estigmas: o do cativeiro e a marca da origem africana. E estes definirão o lugar do negro na nova ordem republicana: "Marcas pesadas, marcas totais, que pareciam corresponder, por sua vez, à própria forma de inserção dessa população, agora formalmente livre, na sociedade branca" (p. 245).

A "gymnastica brazileira"

A construção de um Brasil "moderno" e "civilizado" supunha, nesse momento histórico, a eliminação do "peso" secular da herança africana. É possível acompanhar o debate intelectual sobre se o Brasil seria um país viável ou não, no futuro, porque, de acordo com a "sciência" da época, os negros e os mestiços eram racialmente inferiores aos brancos. Como esses dois primeiros grupos étnicos formavam a maioria da população brasileira de então, o Brasil teria o seu futuro comprometido.

O tema da capoeira nos permite seguir tal debate intelectual e "scientífico" vigente, pois essa luta-dança, a partir de 1890, passa a ser considerada um crime – sendo que os capoeiras autuados eram presos e processados –, dentro de um contexto em que a convivência entre negros, mestiços e brancos comprometeria o Brasil como nação.

Em consequência das discordâncias, surgiu uma nova REPRESENTAÇÃO SOCIAL para a capoeira, agora vista como herança mestiça e, por isso, nacional. Nessa ocasião, foi publicado o ar-

FIGURA 4. Dois negros gingam ao som de um atabaque. Gravura de Johann Moritz Rugendas, de 1835, intitulada *Jogar capoeira; ou dança da guerra*.

tigo "Capoeiragem e capoeiras célebres", escrito por Moraes Filho (1893, 1979), no qual, ao discordar daqueles que viam na capoeira apenas o que ela tinha de "mal e bárbaro", o autor buscou recuperar a imagem do "jogo nacional da capoeiragem", realçando que a capoeira era uma "herança da mestiçagem no conflito das raças".

Nesse texto, há um aspecto fundamental que nunca havia sido destacado: a representação da capoeira como um jogo. Certamente, esse fato não foi percebido apenas por Moraes Filho, pois podemos observar esse aspecto também nas gravuras do pintor alemão Johann Moritz Rugendas, em seu livro *Viagem pitoresca através do Brasil*, publicado na Europa em 1835.

FIGURA 5. Dois negros jogam capoeira enquanto outro aguarda sua vez para jogar, na cidade de São Salvador (BA). Gravura de Johann Moritz Rugendas, de 1835, intitulada *São Salvador*.

A AMBIGUIDADE característica da capoeira, às vezes vista como luta, às vezes como jogo ou dança, aparece claramente na descrição que Rugendas (1835/1979, p. 280) faz dela. Em seu texto sobre os "usos e costumes dos negros", após relatar uma "espécie de dança militar", cita

> um outro FOLGUEDO guerreiro muito mais violento, a "capoeira": dois campeões se [lançam] um contra o outro, procurando dar com a cabeça no peito do adversário que desejam derrubar. Evita-se o ataque com saltos de lado e paradas igualmente hábeis; mas, lançando-se um contra o outro, mais ou menos como bodes, acontece-lhes de chocarem-se fortemente cabeça contra cabeça, o que faz com que a brincadeira não raro [termine] em briga e que as facas entrem em jogo, ensanguentando-a.

O artista retrata a capoeira em duas gravuras, intituladas *Jogar capoeira; ou dança da guerra* (Figura 4) e *São Salvador* (Figura 5). Na primeira imagem, dois negros gingam ao som de um atabaque – tocado por um negro sentado – diante de uma assistência composta por nove negros (dentre os quais, três mulheres). Na segunda, dois negros dançam-lutam capoeira, enquanto o outro parece pronto para entrar na roda, tendo como plateia NEGRAS QUITUTEIRAS e negros.

O atento cronista faz referência ao que vê como uma dança, a "dança da guerra" ou o "folguedo guerreiro", em que há "campeões" e "adversários", e como uma luta (ou "briga"), na qual as "facas acabam com a brincadeira". A capoeira é aqui mostrada em seus aspectos lúdico (dança/brincadeira) e combativo (luta).

A fala policial, demonstrada nas ocorrências e nos relatórios das autoridades, nos coloca diante da capoeira como uma luta. No entanto, os cronistas europeus que por aqui passaram, apesar de ressaltar o aspecto combativo da capoeira, referem-se também ao seu caráter lúdico, citando, por exemplo, a participação dos capoeiras em espetáculos públicos.

Durante o século 19, no entanto, a capoeira é representada principalmente como luta. Podemos talvez afirmar que o aspecto lúdico da capoeira era, acima de tudo, uma estratégia política para disfarçar seu aspecto combativo na sociedade escravista.

Moraes Filho (1979) usa basicamente três argumentos em seus textos, os quais seriam, no começo do século 20, bastante empregados por outros que escreveram sobre a capoeira: era um esporte (como um jogo, ginástica, luta), era uma herança mestiça e uma manifestação de caráter nacional, constituindo-se em um dos elementos formadores da identidade brasileira.

As três representações da capoeira mencionadas aparecem também no artigo "A capoeira", publicado em 1906 na *Revista Kosmos*, cujo autor assina apenas com as iniciais L. C. Ali, nota-se uma ênfase na capoeira como "lucta nacional", cujo mérito básico estaria no privilégio da defesa sobre o ataque: "Ela é por excelência e na essência defensiva [...] essa estratégia popular que a colloca acima de todas as CONGÊNERES de qualquer outra nacionalidade". A sua versão para a origem da capoeira lhe atribui um caráter nacional, resultado dos combates travados entre brasileiros e portugueses durante as batalhas pela independência do país, já que essa luta teria sido desenvolvida "pela necessidade do independente, physicamente fraco, de se defender ou agredir o ex-possessor forte". Segundo L. C., a capoeira teria surgido em dois centros: o norte de Pernambuco e o Rio de Janeiro (terra da "capoeira legítima", diz o jornalista).

Essa capoeira mestiça supunha uma relação pacífica entre as três etnias brasileiras – negros, brancos e indígenas –, cada uma das quais contribuindo com sua parte para a constituição de nossa "lucta nacional". Tal representação fantasiosa das relações raciais ganha força principalmente a partir da década de 1930.

Resta ainda saber no que se transformou a capoeira-esporte, uma das três representações criadas pelas elites brasileiras (mais especificamente cariocas) do começo do século 20. Com o objetivo de criar um método nacional para a capoeira, Aníbal Burlamaqui (conhecido como mestre Zuma) edita, em 1928, o livro *Ginástica nacional (Capoeiragem) metodizada e regrada* (RJ), onde estabelece regras para o "jogo desportivo da capoeira".

As regras são inspiradas no boxe[5], observando-se a delimitação de um ringue, constituído por uma circunferência com quatro metros de raio, devendo os dois lutadores colocar-se em posições opostas, aguardando a permissão do juiz para iniciar a série de *rounds* com duração de três minutos cada (Burlamaqui *apud* por Silva, 1951, p. 214-5).

A capoeira é apropriada como luta esportiva, com local de exibição definido e trajes adequados à sua prática. Os lutadores terão de observar as regras e as lutas serão mediadas por um árbitro. Notemos, porém, que nessa capoeira, pensada como

---

5. Hoje, a capoeira continua associada ao boxe: não só as regras esportivas estabelecidas para os campeonatos de capoeira são inspiradas nas lutas de boxe como também, em nível institucional, até 1993, quando ainda não havia sido criada a Confederação Brasileira de Capoeira, os capoeiristas contavam com um representante oficial na Confederação Brasileira de Pugilismo (CBP).

esporte branco, desaparece a ambiguidade, isto é, a capoeira deixa de ser uma PERFORMANCE artística (marcada pela música e pela dança); mais importante do que isso, perde seu caráter ofensivo e imprevisível de luta, já que agora as regras esportivas impõem o início e o fim dos combates.

Portanto, durante o século 19, a prática da capoeira, ao proporcionar outro lugar social para o negro que não o de escravo (nesse caso, os capoeiras que se alistavam na polícia, voluntária ou involuntariamente, ou os que se tornavam capangas de políticos), ao oferecer ao negro escravo a possibilidade de diferenciar-se culturalmente do branco (por exemplo, quando, por ocasião dos desfiles militares e patrióticos, os capoeiras se inseriam e produziam outro desfile com seus próprios movimentos corporais) – enfim, ao tornar possível um determinado grau de autonomia ao negro escravo em relação à elite proprietária –, introduz um elemento de desordem, constituindo-se como mais uma das contestações à ordem escravista, ao lado dos quilombos, das fugas, dos suicídios etc.

Porém, na sociedade republicana e pretensamente igualitária daquele começo de século, a "capoeira bárbara" (a capoeira predominantemente luta do século 19), para continuar existindo, deveria "civilizar-se", ou seja, renunciar às suas origens étnicas negras e ao seu aspecto combativo e tornar-se "mestiça" e "gymnastica nacional" – a capoeira-esporte do século 20.

Surge um jogo em que é possível aos jogadores prever o que vai acontecer, já que na capoeira "regrada e metodizada" todos, brancos e negros, conhecem as regras do jogo e, ao praticar esse esporte, devem respeitá-las. Ora, competir supõe um reconhecimento implícito de igualdade de condições dos esportistas, o qual pressupõe que se reconheçam como iguais. Os capoeiras tornam-se capoeiristas, as navalhas saem de seus pés e vão enfeitar as paredes das academias de capoeira ou, cegas, serão exibidas em demonstrações públicas.

Portanto, a capoeira "regrada" permite o "convívio pacífico" entre brancos e negros, ambos considerados agora igualmente cidadãos brasileiros perante a lei. Com o fim da escravidão e a chegada da República, a igualdade jurídica é conferida a todos os cidadãos, sejam eles brancos ou negros. A partir desse momento, os mecanismos de controle social tornam-se diferentes daqueles da antiga ordem escravista e pedem uma identificação cada vez maior do indivíduo dentro da sociedade. Se o negro do período do Império era um "problema social" que se mantinha, ainda que com dificuldades, sob controle, agora ele se torna um "problema nacional", por dificultar o desenvolvimento do país. Todos os negros serão então considerados suspeitos, não mais por serem possíveis escravos revoltados, mas "HORDAS de selvagens e bárbaros" que comprometiam o "progresso".

Tais representações sociais sobre os capoeiras, contudo, são produzidas com base no pensamento evolucionista, que era preponderante entre a maior parte dos intelectuais do país naquele momento histórico. Schwarcz (1993) realizou uma excelente análise sobre a produção intelectual brasileira entre a metade do século 19 e as primeiras décadas do século 20. O modelo explicativo para o Brasil estava centralizado, principalmente, na questão da raça, fundamentado nas teorias europeias do EVOLUCIONISMO SOCIAL, particularmente nas que se referiam ao DETERMINISMO RACIAL.

Por isso, na "sciência" brasileira da época, predominava uma visão pessimista que responsabilizava, acima de tudo, a mestiçagem pela degeneração racial dos brasileiros.

Tratava-se de aferir os limites que a raça negra, devido à sua suposta inferioridade biológica e consequente incapacidade de adaptação à civilização, impunha ao desenvolvimento do país. Em 1894, o médico baiano Nina Rodrigues, principal expoente dessa corrente, chega a advogar sem sucesso a promulgação de códigos penais distintos para negros e brancos, o que levaria a uma "institucionalização da diferença".

Entretanto, vale lembrar que a mestiçagem era, na verdade, uma grande incógnita para a intelectualidade da virada do século. Dessa forma, não é apenas a constatação da inviabilidade de um Brasil mestiço que se nota no pensamento racial da época. Embora fosse geralmente considerada fator de instabilidade política e social, a miscigenação era interpretada também como marca da singularidade nacional e possível solução para o futuro do país.

Diante da ameaça que os negros representavam à construção da nação, cabia às autoridades republicanas reprimir suas "práticas bárbaras". Além dos motivos políticos imediatos que levaram os republicanos a perseguir os capoeiras, identificados com a antiga ordem monárquica pelos novos donos do poder, a decisão de passar a considerar a capoeira crime foi inspirada em um pressuposto científico da época que apontava para a inferioridade biológica da "raça negra".

Porém, nem todos concordaram com isso. A criminalização da capoeira significou a vitória política de um determinado grupo da classe dirigente nacional. A ideia da "capoeira mestiça", inspirada na sugestão de que a miscigenação era positiva, não teve muita aceitação na época. Da mesma maneira, a tentativa de tornar a capoeira um esporte, promovida pela elite carioca no começo do século 20, teria de esperar até as décadas de 1930 e 1940 para que predominasse. Entretanto, se há um "jeito branco[6] e erudito" de converter a capoeira em esporte, há, por outro lado, um "jeito negro e popular" de fazê-lo, o que tem início na Bahia a partir dos anos 1930.

---

6. Esclarecemos aqui que utilizamos os termos "branco" e "negro" como categorias sociais, e não relacionados necessariamente à cor da pele.

CAPÍTULO 2

Duas modalidades esportivas de capoeira: regional e de angola

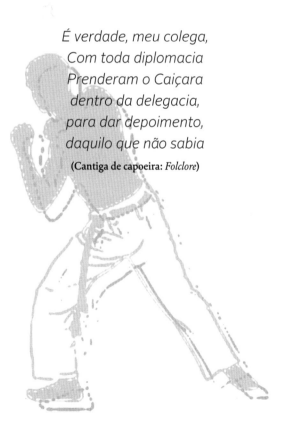

*É verdade, meu colega,
Com toda diplomacia
Prenderam o Caiçara
dentro da delegacia,
para dar depoimento,
daquilo que não sabia*
(Cantiga de capoeira: *Folclore***)**

Introdução

DURANTE CERCA DE MEIO SÉCULO, a capoeira permaneceu na ilegalidade, deixando de ser considerada crime perante a lei apenas na década de 1930. O argumento principal para a descriminalização dessa prática foi a sua transformação em esporte[7].

Em 1937, o baiano mestre Bimba (Manuel dos Reis Machado, 1900-1974) consegue uma licença oficial que o autoriza a ensinar capoeira em seu Centro de Cultura Física e Capoeira Regional. A partir de então, a capoeira sairia das ruas e passaria para o interior dos "centros de cultura física" (ou academias, como ficariam conhecidas).

Pastinha (Vicente Ferreira Pastinha, 1889-1981), outro mestre famoso da capoeira baiana, contemporâneo de Bimba e igual-

---

7. Reconhecida pelo governo brasileiro oficialmente como esporte em 1972, a capoeira continua sendo estigmatizada e até mesmo temida. Apesar de ser praticada por aproximadamente 6 milhões de brasileiros, ela não aparece nos cadernos de esportes da imprensa escrita, como o futebol e o voleibol, por exemplo.

mente empenhado na legitimação dessa prática, difundiu o estilo da capoeira de angola, procurando distingui-lo da regional.

Mestre Bimba foi biografado por seus discípulos, mestre Itapoan (Almeida, 1982), Jair Moura (1991) e Muniz Sodré (2002), entre outros[8]. Para recuperar sua trajetória, além desses trabalhos, foram utilizadas notícias de jornal publicadas na imprensa baiana e paulistana e o disco de Bimba, gravado em 1966, acompanhado de um encarte sobre o curso de capoeira regional por ele ministrado.

Bimba, ou Manuel dos Reis Machado, nasceu em 23 de novembro de 1900, em Engenho Velho de Brotas, cidade de Salvador, sendo o caçula de 25 filhos. Seu pai era conhecido nas festas de largo como campeão de batuque. Aos 13 anos de idade, Bimba empregou-se como estivador, permanecendo na profissão até completar 27. Foi no cais do porto que começou a aprender capoeira com Bentinho, capitão da Companhia de Navegação Bahiana: "Naquele tempo capoeira era coisa para carroceiro, trapicheiro, estivador e malandros", lembra o mestre em entrevista a Itapoan (Almeida, 1982, p. 13).

"Bimba é bamba": a capoeira regional

Primeiro disciplinador e pedagogo da capoeira, mestre Bimba desenvolveu uma nova modalidade, à qual chamou de capoei-

---

8. Em relação ao trabalho desses três autores, além da cuidadosa obra de mestre Itapoan, há também a biografia escrita por Jair Moura, um grande pesquisador de capoeira. É um trabalho fundamental de reconstituição da vida e dos ensinamentos do mestre, tendo sido feito com base na longa convivência de Moura com Bimba e em uma significativa pesquisa de jornais. Além disso, há ainda o livro de Muniz Sodré no qual ele traça o perfil de mestre Bimba, também baseado no tempo em que viveu ao lado de seu mestre.

ra regional, "porque a capoeira nasceu aqui na Bahia, em Cachoeira, Santo Amaro e Ilha de Maré".[9] Essa modalidade consagraria a esportização da capoeira e sua descriminalização, pois, como vimos, o reconhecimento oficial da primeira escola recairia sobre o Centro de Cultura Física e Capoeira Regional, dirigido por Bimba, em 1937.

Considerando que a capoeira surgiu da "necessidade de defesa dos escravos africanos", o mestre diz que criou a modalidade regional "para o fraco se defender do forte", porque considerava que a capoeira de angola, na qual tinha se desenvolvido, "deixa muito a desejar", já que "só mostra danças e acrobacias".[10] Assim, em sua busca da legitimação social da capoeira, Bimba desqualifica aquela na qual fora iniciado e introduz a agressividade de outras modalidades de luta.

O mestre associou então aos movimentos corporais da capoeira golpes e defesas de lutas brancas e asiáticas, além de incorporar também passos de folguedos populares de origem negra, como o batuque (que aprendeu com seu pai). Em entrevista concedida ao antropólogo baiano Waldeloir Rego (1968, p. 33), Bimba diz que para criar a regional "se valera de golpes de batuque de umbigada[11], assim como detalhes da coreografia

---

9. Entrevista ao *Diário de Notícias* de 31 de outubro e 1º de novembro de 1965.
10. *Ibidem*.
11. O batuque baiano, de acordo com o famoso folclorista Câmara Cascudo (1988), era uma modalidade da capoeira. O acompanhamento musical era parecido com o dela, tocando-se pandeiros, berimbaus e ganzás e também cantando-se cantigas. Era uma luta travada entre dois jogadores por vez, os quais deveriam unir as pernas com firmeza e dar rasteiras um no outro. O principal era evitar cair, e "por isso mesmo era comum ficarem os batuqueiros em banda solta, isto é, equilibrados numa única perna, a outra no ar, tentando voltar à posição primitiva" (Carneiro *apud* Cascudo, 1988, p. 115).

de maculelê[12], de folguedos outros e muita coisa que não se lembrava, além dos golpes de luta greco-romana, jiu-jítsu, judô e savate, perfazendo um total de 52 golpes". Em 1918, Bimba iniciou o ensino de capoeira no Clube União em Apuros, situado no bairro Engenho Velho de Brotas. Até então não havia escola de capoeira na Bahia, conforme palavras do mestre em entrevista ao jornal *Tribuna da Bahia* em 18 de novembro de 1972: "Havia roda de capoeira nas esquinas, nas portas dos armazéns, no meio do mato. A polícia proibia e eu, certa ocasião, paguei até 100 contos a ela para tocar duas horas". Todavia, pouco a pouco, a escola de Bimba começava a receber universitários como Joaquim de Araújo Lima, mais tarde governador de Guaporé (antigo território brasileiro), por meio de quem o mestre conseguiu realizar sua primeira apresentação pública de capoeira sem interferência da polícia, no ano de 1924. Segundo Bimba, foi com Joaquim de Araújo que conheceu outros estudantes: "Passaram pelas minhas mãos vários governadores, senadores, desembargadores, gente importante na vida pública. Seabra foi um deles. Mas o Dr. Joaquim foi quem iniciou", diz ele à mesma *Tribuna da Bahia*.

Assim, a academia de Bimba, agora localizada no bairro de Tororó, começa a contar com a presença assídua de alunos provenientes das classes médias brancas baianas. As rodas de capoeira de rua deixam de ser frequentadas pelos discípulos do mestre, que se apresenta agora em exibições públicas,

---

12. Nome dado a uma dança guerreira existente em muitas cidades do estado da Bahia. Ainda segundo Câmara Cascudo (1988, p. 451): "[...] dez ou vinte negros, de camisas brancas de algodão, beiços ampliados a vermelho, com [...] bastões de madeira em cada mão, cantam e bailam entrechocando as armas". Nas academias de capoeira mais tradicionais do Brasil, além de aprender capoeira os alunos aprendem o maculelê.

Capoeira   53

como a que aconteceu no dia 6 de fevereiro de 1936, quando da inauguração do Estádio Odeon, na região central da cidade de Salvador.

Nessa ocasião, ao lado dos "lances sensacionaes do 'box'" e dos números do "athleta Haddad, que entortou barras de ferro", os capoeiras baianos liderados por mestre Bimba[13] dariam uma demonstração da maximização da eficácia dos golpes, agora sistematizados, desse "esporte genuinamente nacional", literalmente "para inglês ver":

> "Bimba" é bamba! gritavam das galerias quando "mestre" Bimba subiu ao tablado com o seu adversário Henrique Bahia. Numa fila, cidadãos norte-americanos, depois de apreciarem como conhecedores o "box", mostravam interesse em ler as "letras" do desporto nacional. E "Bimba" as escreveu, magistralmente [...] Depois de vários minutos de jogo cadenciado, cheio de passes de agilidade e de contorsões felinas, "mestre Bimba" projectou em grande estylo o seu adversario ao chão, sob applausos calorosos, com um pontapé no peito. (*O Estado da Bahia*, 7 de fevereiro de 1936)

A capoeira de Bimba, restrita a espaços fechados e representada como esporte nacional, parte em busca da adesão de outras classes sociais, conseguindo inclusive atrair a atenção internacional por meio do turismo. No caso da notícia citada, a capoeira é admirada por cidadãos norte-americanos.

---

13. Para mais informações sobre as lutas de capoeira nos ringues baianos entre 1935 e 1937, em especial a atuação de mestre Bimba em 1936, consulte o interessante livro *Bimba é bamba*, escrito pelo grande pesquisador de capoeira Frederico Abreu em 1999. A obra contém extensa documentação a respeito do assunto.

O investimento oficial do governo na capoeira-esporte privilegiou a capoeira baiana. Nesse sentido, o interventor federal na Bahia daria início à discriminalização da luta, conforme fica evidente no divertido episódio narrado a seguir. Desejando propiciar um espetáculo a autoridades e amigos, o interventor convidou os capoeiras do grupo de mestre Bimba (cuja escola de capoeira funcionava clandestinamente à época, em virtude da proibição então em vigor) a comparecer ao palácio governamental para uma exibição. O momento era conturbado politicamente devido ao golpe do Estado Novo, de 1937. Um dos principais estudiosos de capoeira, o antropólogo baiano Waldeloir Rego (1968, p. 316-7), relatou assim esse fato:

> A respeito de sua exibição no palácio do governador, em tão grave momento político, contaram-me pessoas ligadas a mestre Bimba que de certa feita se achava ele tranquilo, em sua academia (a qual havia fundado em 1932), quando lhe apareceu um guarda do palácio, fazendo-lhe a entrega de um envelope, contendo um convite para comparecer ao palácio. Sabendo-se capoeira e conhecido da polícia, assustou-se e não teve a menor dúvida de que se tratava de sua prisão. Preparou-se, comunicou o fato a seus discípulos e avisou que caso não voltasse é porque estaria preso. Ao chegar ao palácio teve uma grande surpresa e contentamento. O então interventor federal na Bahia, Juracy Magalhães, pediu-lhe que se exibisse em palácio, com seus alunos, para um grupo de autoridades e amigos seus.

Capoeira 55

FIGURA 6. Mestre Kenura (à esquerda) aplica um golpe da capoeira regional em outro capoeirista (à direita), que se defende, protegendo o rosto. Tudo ao som de um berimbau.

Como afirma Esdras Magalhães Santos (mestre Damião) (2005, p. 35):

> A verdadeira descriminalização da capoeira é obra do Presidente Getulio Vargas, que, ao aprovar e assinar o atual Código Penal em vigor, Decreto-Lei n. 2.848, de 7 de dezembro de 1940, com sua vigência a partir de 1º de janeiro de 1942, proscreveu do mundo ilícito penal a [capoeira].

Duas cantigas de capoeira fazem referência à participação do Brasil na Segunda Guerra Mundial, que aconteceu entre 1939 e 1945. Elas são cantadas ainda hoje nas rodas de capoeira. A primeira versão enfatiza o dever do negro como cidadão brasileiro. Já na segunda nega-se, de forma divertida, qualquer responsabilidade patriótica do negro brasileiro.

1. Primeira versão:

O Brasil disse que tem
O Japão disse que não
Uma esquadra poderosa
Pra brigá com os alemão
Amanhã eu vou no Sento[14]
No sorteio militar
Meu Brasil entrando em guerra
Meu dever é ir lutar

2. Segunda versão:

O Brasil disse que tem
O Japão disse que não
Uma esquadra poderosa
Pra brigá com os alemão
O Brasil tem dois mil home
Pra pegar no pau furado
Eu não sou palha de cana
Pra morrer asfixiado

Em julho de 1953, mestre Bimba é recebido pelo então presidente Getulio Vargas no Palácio da Aclamação, em Salvador (BA), onde realiza uma exibição de capoeira. Nessa ocasião, Getulio exaltaria a capoeira como a "nossa luta nacional".

---

14. Talvez a cantiga se refira aqui à cidade baiana de Sento Sé.

Apesar do árduo empenho de Bimba para difundir a capoeira em seu estado natal, em janeiro de 1973, o mestre mudou-se de Salvador para Goiânia "por necessidade financeira". Desgostoso, lamentou a falta de apoio oficial:

> O que me derem agora na Bahia não me fará ficar. Não me interessa mais. O que não tiver em Goiânia, terei no cemitério. A Bahia só pra passear. Os governos daqui nunca me deram um palito. Eu precisava ter um centro para ensinar, no entanto fiz uma escola no nordeste de Amaralina à força do meu braço. Ninguém me ajudou. E eu conheço o folclore como ninguém. Ir para Goiás é uma necessidade financeira.
>
> (*Tribuna da Bahia*, 18 de novembro de 1972)

Com ele foram suas duas mulheres, dona Nair e dona Alice, além de quatro de seus dez filhos. Bimba recebera proposta de um aluno, o professor Osvaldo Souza, para ensinar capoeira na Escola Superior de Educação Física de Goiânia. No entanto, desentendimentos posteriores entre Osvaldo e Bimba acabaram frustrando os sonhos do velho mestre.

No dia 5 de fevereiro de 1974, Bimba, então com 74 anos, morreu no Hospital das Clínicas da Universidade Federal de Goiânia, vítima de um derrame cerebral, algumas horas depois de ter realizado uma demonstração de capoeira no Clube dos Funcionários Públicos de Goiás.

> No seu enterro o seu aluno Faci Fernandes Sobrinho tocou o berimbau preferido do mestre e o colocou junto ao seu corpo. Seus filhos Dermeval (16 anos) e Manoel (13 anos) jogaram capoeira pela última vez frente ao pai. (Almeida, 1982, p. 68)

Na Bahia, as academias de capoeira fecharam as portas por sete dias em homenagem ao mestre. Em julho de 1978, seus restos mortais foram trasladados para Salvador.

"Pastinha já foi à África pra mostrar capoeira do Brasil"

Apesar da fama de mestre Pastinha, nenhuma biografia completa a seu respeito foi escrita. Para percorrer sua trajetória de sua vida, foram reunidos aqui dados coletados em entrevistas concedidas por ele à imprensa, gravações de seus depoimentos e músicas contidos no disco *Mestre Pastinha e sua academia* (1969), assim como informações de seu livro *Capoeira angola* (1964).

Vicente Ferreira Pastinha nasceu em 5 de abril de 1889 na cidade de Salvador. Quando menino, tinha um rival que lhe batia sempre que saía à rua. Certo dia, um "velho africano", penalizado diante de sua situação, chamou-o e disse: "Você não pode com ele, sabe, porque ele é maior e tem mais idade. O tempo que você perde empinando raia, vem aqui no meu cazuá que vou lhe ensinar coisa de muita valia".[15] Assim, entre 8 e 10 anos de idade esteve em contato com o mestre de capoeira Benedito, "um preto natural de Angola" (Pastinha, 1988, p. 12), com quem se iniciou no aprendizado da luta.

Aos 12 anos, em 1902, ingressou na escola de aprendizes da Marinha, onde aprendeu "esgrima, florete, carabina e ginástica sueca".[16] Foi lá que começou a ensinar capoeira para os colegas e, quando "deu baixa", aos 20 anos, abriu sua pri-

---

15. Entrevista realizada por Roberto Freire para a *Revista Realidade*, 1967, p. 81.
16. Entrevista de Pastinha ao jornal *Tribuna da Bahia*, 14 de janeiro de 1973.

FIGURA 7. Mestre Kenura (à direita) joga capoeira de angola com mestre Careca (à esquerda), ao som do toque de berimbau "Panha laranja no chão tico-tico".

meira escola num salão que sediava uma oficina de conserto de bicicletas, localizado no Mirante do Campo da Pólvora, bairro de Salvador. A escola permaneceu aberta nesse local entre 1910 e 1922.

No Mirante, seus alunos eram artesãos em diversos ofícios, como podemos depreender de seus apelidos: João Carpina e Zeca Alfaiate, por exemplo. Aos poucos, contudo, a clientela de Pastinha foi se diversificando. Segundo o mestre, com a mudança para a nova casa no Cruzeiro, o número de praticantes aumentou, já que havia nos arredores quatro repúblicas de estudantes, que passaram a frequentar as aulas: "Ensinei a muito estudante de Direito, Farmácia, Medicina, de quase todas as profissões", destacou em entrevista à *Tribuna da Bahia*.[17]

17. 14 de janeiro de 1973.

Observamos, assim, a introdução paulatina de pessoas provenientes da abastada classe média de Salvador no mundo da capoeira baiana, fato também apontado anteriormente quanto à academia de mestre Bimba.

Porém, Pastinha não sobrevivia unicamente do ensino de capoeira. Paralelamente às aulas, era pintor de quadros a óleo. Em entrevista a Freire (1967), conta que "quando sua arte negava sustento trabalhava como engraxate, carpinteiro, jornaleiro, garimpeiro e até mesmo segurança em casa de jogo".

Num tempo de proibição da capoeira, a presença dos policiais era uma constante entre os capoeiristas, interrompendo a vadiação[18], dispersando-os e tomando seus berimbaus. Sobre seus enfrentamentos com a polícia, Pastinha relata: "Eles sabiam que eu jogava capoeira, então queriam me desmoralizar na frente do povo. Por isso, bati alguma vez em polícia desabusado, mas por defesa de minha moral e do meu corpo" (Freire, 1967, p. 81).

Em 1941, conforme palavras do próprio mestre, sua vida mudou. Em certa ocasião, a convite de seu aluno Aberrê, foi a uma roda de capoeira no bairro da Gengibirra, em Salvador. Todo domingo os capoeiristas baianos reuniam-se ali para vadiar. Ao vê-lo jogar, o famoso mestre Amorzinho (que era guarda civil) entregou-lhe o comando da roda, além de oferecer-lhe uma academia para dirigir. Pastinha recusou a oferta, mas outros mestres insistiram e o convenceram a aceitar o en-

---

18. Essa era a palavra utilizada pelos antigos capoeiras baianos para designar o que hoje chamamos de jogo de capoeira. Há aqui uma inversão dos valores dominantes, por meio do tom positivo dado aos termos vadiação e vagabundagem. Pastinha dirá num tom elogioso que a capoeira "é uma coisa vagabunda" (veja o Capítulo 3). Dessa forma, valoriza-se o ócio, não o trabalho regular.

cargo. Então, quatro anos depois da abertura do Centro de Cultura Física e Capoeira Regional, de Bimba, Pastinha funda seu Centro Esportivo de Capoeira de Angola, no Largo do Pelourinho.

Não se sabe ao certo como nem quando surgiu a expressão "capoeira de angola". Embora vários mestres baianos, que se iniciaram na capoeira antes do surgimento da "regional", atribuam uma anterioridade ao termo, parece que com mestre Pastinha tal denominação passou a ser mais utilizada, pois foi assim que ele chamou o estilo de capoeira que ensinava, para diferenciá-lo daquele desenvolvido por Bimba.

FIGURA 8. Mestre Kenura (em primeiro plano), formado de mestre Suassuna, ambos nascidos em Itabuna (BA), e mestre Brasília (ao fundo com a mão na cintura), formado de mestre Canjiquinha, ambos naturais de Salvador (BA). Kenura e Canjiquinha pertencem à primeira geração de capoeiristas baianos da cidade de São Paulo, tendo chegado a essa cidade entre o final da década de 1960 e o começo da década de 1970.

Há uma evidente insistência de Pastinha quanto à vinculação da capoeira com a luta dos escravos pela liberdade. Ele lembra que "esse jeito de lutar de brincadeira, como ainda fazemos hoje, era a maneira de o escravo se exercitar, disfarçando-se de bailarino na frente do feitor", e acrescenta enfaticamente: "Capoeirista é mesmo muito disfarçado, ladino e malicioso. Contra a força, só isso mesmo. Está certo" (Freire, 1967, p. 80).

Unindo a herança africana à luta contra a escravidão travada pelos negros cativos no Brasil, Pastinha afirma que "a capoeira é brasileira, é nacional, é patrimônio nacional [pois] a mandinga do escravo é africano-brasileira, porque dos africanos no Brasil".[19]

Em 1964, Pastinha publica seu livro *Capoeira Angola*, afirmando que sua principal intenção ao escrevê-lo era "dar uma ideia panorâmica acerca das possibilidades que a capoeira oferece como meio de defesa pessoal e desenvolvimento físico" (Pastinha, 1988).

Frisando que a capoeira "é luta violenta", Pastinha (1988, p. 27-8) adverte para a impossibilidade da aplicação plena de seus golpes durante as demonstrações esportivas, em virtude da violência intrínseca a seus movimentos:

> a capoeira ou é "jogada" pra valer, com suas sérias consequências, saindo dos limites esportivos, ou para demonstrações onde os golpes, em movimento mais ou menos lento, passam perto, raspando ou são freados perto do alvo escolhido.

---

19. *Tribuna da Bahia*, 15 de setembro de 1981.

Há aqui um ingrediente fundamental que torna a luta de capoeira mais perigosa, de acordo com os ensinamentos do mestre. Trata-se da malícia (ou, como dizem os capoeiristas, da mandinga). Inspirada na surpresa do ataque, a mandinga subverte a hierarquia e institui um contrapoder. Ressaltando que na ginga encontra-se a extraordinária malícia da capoeira, Pastinha (1988, p. 34) descreve, com grande perspicácia, no que consiste essa técnica:

> O capoeirista lança mão de inúmeros artifícios para enganar e distrair o adversário. Finge que se retira e volta-se rapidamente. Pula para um lado e para outro. Deita-se e levanta-se. Avança e recua. Finge que não está vendo o adversário para atraí-lo. Gira para todos os lados e se contorce numa "ginga" maliciosa e desconcertante.

Em entrevista ao jornal *Diário de Notícias* de 31 de outubro de 1965, o velho mestre, então com 76 anos e quase cego, revela aquele que era o seu maior sonho: ir à África, esperando que Deus lhe conservasse um pouco da vista "para então ver Angola de perto". Ele teve seu desejo realizado quando integrou a delegação que se apresentou no I Festival Mundial de Artes Negras de Dakar (Senegal), realizado entre 1º e 30 de abril de 1966, do qual participaram 36 países. O organizador da apresentação brasileira, Haroldo Costa, afirmou no colóquio de abertura que sua intenção havia sido mostrar como o Brasil, a partir de suas raízes africanas, criara uma cultura peculiar, "sem desmentir ou negar as suas origens, mas sem com elas confundir-se".[20]

---

20. Jornal *A Tarde*, 21 de maio de 1966.

Hoje, essa viagem de mestre Pastinha a um país da África, a convite do Ministério das Relações Exteriores do Brasil, é lembrada nas rodas de capoeira de Angola com a seguinte cantiga:

Iê!
Ê... cidade de Assunção,
capital do Itamaraty,
é engano das nações,
das sepulturas do Brasil.
Pastinha já foi à África,
Pastinha já foi à África,
Pra mostrar capoeira do Brasil!

Em 1971, o prédio de número 19 do largo do Pelourinho, onde funcionava o Centro Esportivo de Capoeira Angola, foi fechado para reforma e Pastinha, já cego e quase paralítico, acabou sendo despejado sem receber indenização. No ano seguinte, com a ajuda do escritor Jorge Amado, seu amigo, o mestre conseguiu uma pensão vitalícia do governo da Bahia, no valor irrisório de um salário mínimo, com a qual teria de suprir as necessidades de sua mulher, três filhas e netas (além de suas filhas, criou mais 15 crianças). Em entrevista ao jornal *Tribuna da Bahia* de 7 de fevereiro de 1974, Pastinha revelaria o descaso das autoridades baianas, que não lhe haviam providenciado outro lugar para ensinar.

Apenas em março de 1979, por insistência de sua mulher, Maria Romélia de Oliveira, vendedora de acarajés, e em virtude da influência pessoal de alguns intelectuais baianos, Pastinha reabriria sua academia numa sala de um casarão da rua Gregório de Matos. O mestre, auxiliado por seus discípulos João Pequeno e João Grande, responsáveis pela parte prática das aulas, continuaria a falar sobre os fundamentos da capoeira, inclusive corrigindo seus alunos "pelo som da queda no taboado".[21] Porém, em fins de 1979, mestre Pastinha sofre um derrame cerebral e, depois de um ano de internação num hospital público, é recolhido ao Abrigo D. Pedro II, onde viria a falecer aos 92 anos, a 14 de outubro de 1981. Segundo depoimento de um jornalista que acompanhou o enterro, ao qual compareceram alguns de seus alunos,

> a última homenagem da capoeira, que foi praticamente a vida do mestre, foi prestada quando se interrompeu o cortejo, já dentro do cemitério, e foram tocados acordes num berimbau por alguns minutos. E tudo prosseguiu como se ele não fosse uma pessoa importante para a cultura da Bahia. (*Tribuna da Bahia*, 14 de novembro de 1981)

---

21. Jornal *Tribuna da Bahia*, 15 de setembro de 1981.

CAPÍTULO 3

O mundo de pernas para o ar

Menino, quem foi teu mestre?
Meu mestre foi Salomão
Andava com os pés pra cima
Andava com as mãos no chão

(Cantiga de capoeira: *Folclore*)

Introdução

NA DELICIOSA DESCRIÇÃO da capoeira carioca do início do século 20 a seguir, pode-se observar de modo claro alguns bons motivos que levam o cronista a comparar a capoeira a "uma arma terrível": o olhar cortante e devassador que o capoeira lança em direção a seu adversário, a surpresa do ataque lançado pronta e rapidamente e, sobretudo, o ridículo a que o capoeira expõe, em público, o adversário vencido:

> A alma da capoeira é o olhar, uma esgrima subtil, ágil, firme, atenta em que a retina é o FLORETE flexível, penetrante, indo quasi devassar a intenção ainda occulta [...] voltada sempre para o adversario, apanhando-lhe todos os movimentos, surprehendendo-lhe os mais insignificantes ameaços, para desvial-os, em tempo, com a DESTRESA defensiva dos braços em rebates LÉPIDOS ou evita-los com os desvios lateraes e os recuos saltados de corpo, leve, sobre ponta de pés, até facultar e perceber a ABERTA e entrar, para ver como é, para contar como foi, segundo o CALÃO próprio.

A capoeira não inutilisa unicamente o adversario pelos seus golpes; inutilisa-o tambem, e peor, pelo ridiculo. O capoeira não lucta em silencio; lucta usando sempre o seu calão que tróça [...] ridicularisa o CONTENDOR. A gyria é CHULA, a phrase é canalha. Além disso, a cada golpe o adversario cáe nas mais grotescas, nas mais comicas, nas mais ENXOVALHADORAS posições. Um vencido pelo capoeira em lugar publico nunca póde sahir dignamente vencido, porque a sua derrota provoca sempre a gargalhada. Na cabeçada, por exemplo, a que o capoeira chama, acanalhadamente, levar a TORRE DE PENSAMENTO ao APPARELHO MASTIGANTE do poeta, o adversario é apanhado com a cabeça, num golpe brusco, pelo baixo queixo, por sob a barba e com impulso pasmoso que é o segredo do capoeira e [...] é elevado ao espaço, por mais robusto e pesado que seja, na figura grotesca de um BATRÁQUIO,

FIGURA 9. Mestre Kenura (à direita, com as pernas abertas), em um jogo de capoeira de angola com mestre Careca (à esquerda, com as mãos no chão); os dois parecem brincar, mas é preciso que prestem muita atenção, porque a malícia é um dos principais recursos para que os capoeiristas surpreendam um ao outro.

vindo apastelar-se de ventre no sólo ou cambalhotando para traz de pernas ridiculamente ao ar. É uma arma terrível! (L. C., 1906)

Essa "arma é terrível" não tanto pelos danos físicos que possa causar, mas pelos danos morais que acarreta. Ao ser derrotado, o jogador perde sua honra, chegando mesmo a ser destituído de sua condição humana (iguala-se à "figura grotesca de um batráquio"). Além disso, o perdedor deixa a posição ereta e cai no chão ("apastela-se de ventre no solo"), às vezes na posição invertida, "cambalhotando para traz de pernas ridiculamente ao ar".

Na capoeira, essa "esgrima subtil", o jogador mantém a dignidade do olhar, "manejando" sua retina como a um "florete flexível". Seu propósito principal é desvendar o outro e descobrir-lhe a fragilidade para, enfim, derrotá-lo física e moralmente.

No entanto, o principal recurso tático do capoeira para vencer a luta é a surpresa. Ou seja, trata-se de jogar o jogo do outro, manter-se aparentemente na defensiva, permanecendo no interior do campo de possibilidades de luta dado pelo adversário para, de repente, aplicar-lhe um golpe certeiro a fim de vencê-lo. Assim, o corpo, que à primeira vista se conforma com uma possível derrota, pode, a qualquer momento, rebelar-se e atacar, subvertendo as regras de dominação.

Trata-se de uma luta popular em que a manha e a malícia se sobrepõem à força física, pois o mais forte não é aquele fisicamente avantajado ("por mais robusto e pesado que seja"), mas o mais malicioso, o mais mandingueiro. Nesse sentido, pode-se comparar ao modo como as classes populares conseguem reverter a seu favor a força visível e explícita dos poderosos, evitando o enfrentamento direto que sempre se realiza dentro de um jogo político, cujas regras não foram definidas pelo povo, mas pelos donos do poder.

A característica do jogo de capoeira é a negociação constante dos capoeiristas pela conquista de mais espaço para sua movimentação corporal na roda, já que, se não houver confronto direto entre eles, buscarão sempre aproveitar o "vacilo" do outro (ou a "aberta" do outro) para atacá-lo. Isto é, trata-se de atentar para o lugar exato onde o adversário pode ser atacado. O olhar que "devassa e surpreende", o golpe desferido com "impulso pasmoso", bem como o riso que "ACHINCALHA" são recursos estratégicos dos quais os jogadores lançam mão. Isso acontece nesse palco, onde o mais importante na verdade é saber, por meio da ginga, fingir e esconder a intenção do ataque inesperado que virá no momento preciso. Assim, o jogo de capoeira constitui-se em um conjunto de linguagens verbais e não verbais.

A roda de capoeira: um universo simbólico

O jogo de capoeira acontece dentro de um círculo de 2,5 m de raio, circundado por outro com uma distância de 10 cm de largura entre eles. Os dois círculos concêntricos são conhecidos pelos capoeiristas como roda. Esse é o palco privilegiado de expressão dos jogadores, pois é o lugar onde eles podem mostrar tudo que sabem: a destreza corporal e principalmente a mandinga, isto é, a capacidade que têm de seduzir o adversário, iludi-lo e, se quiserem (ou puderem), derrotá-lo.

Os demais capoeiristas ficam sentados em torno do círculo maior. A forma de transmissão do conhecimento na capoeira é

FIGURA 10. Mestre Kenura (de pé, à esquerda, de boné e vestido de branco) comanda uma roda de capoeira ao ar livre na Universidade de São Paulo (USP).

basicamente oral, sendo portanto imprescindível que os alunos a observem e a experimentem. Um bom capoeirista deve saber jogar, tocar os instrumentos musicais (principalmente o berimbau) e cantar as músicas. Dessa forma, todos os capoeiristas se colocam como potenciais jogadores, instrumentistas e cantores, revezando-se nessas três ocupações durante todo o tempo da roda, que pode durar até duas ou três horas, dependendo do evento e da disposição de seus componentes.

Toda a movimentação corporal na roda de capoeira é executada por dois capoeiristas e regida pelo som de três berimbaus – classificados como berra-boi, mais grave; gunga ou médio, nem grave nem agudo; viola, mais agudo –, além de um atabaque, um pandeiro, um agogô e um reco-reco. Nessa orquestra musical, os berimbaus têm lugar de destaque e os

FIGURA 11. A orquestra musical da capoeira é usualmente composta por três berimbaus (berra-boi, médio e viola), atabaque e pandeiro. Há também o reco-reco e o agogô, mais raros, a não ser em Salvador.

outros instrumentos devem apenas acompanhá-los, sem variações ou improvisações.

Os capoeiristas chamam de toque a peça musical que executam ao berimbau. O toque de berimbau e o tipo de jogo de capoeira são inseparáveis, uma vez que o primeiro determina o estilo – se de angola ou regional – e suas variações, além de impor também o andamento ao jogo – se "amarrado" ou "solto", isto é, se lento ou rápido. Assim, os jogos de capoeira e os toques de berimbau são elementos constitutivos de um mesmo sistema cultural, guardando estreita relação entre si (Pinto, 1988).

Como já vimos, o jogo de capoeira compreende dois estilos: de angola e regional, sendo a primeira sistematizada por mestre Pastinha (1889-1981) na década de 1930, em Salvador, e a segunda por mestre Bimba (1900-1974), na mesma cidade e década. Em geral, o toque de Angola (próprio da primeira modalidade) e o toque de São Bento Grande (próprio da segunda) são bem distintos. Porém, há ainda outros, derivados desses ou mesmo criações individuais de alguns mestres.

Além de ser o responsável por determinar o estilo e o tipo de jogo que se realiza, o berimbau também impõe o ritmo das músicas de capoeira – que compreendem as ladainhas, as quadras e os cantos corridos. As cantigas de capoeira estão diretamente relacionadas aos toques de berimbau e também aos jogos. Os capoeiristas cantam durante o jogo, havendo músicas adequadas para cada estilo. As ladainhas, que têm um ritmo mais lento, são apropriadas para a capoeira de angola. Sem interferência do coro – composto por todos os presentes à roda –, um jogador canta, relembrando histórias de capoeiristas famosos, relatando situações vividas no cotidiano ou lançando desafios a seu contendor, entre outros. Para finalizar as ladainhas, o capoeirista solista canta alguns versos, repetidos agora pelo coro.

Há também cantigas específicas para determinadas situações de jogo, cuja letra menciona o que ocorre na roda naquele momento. Para um jogo de capoeira entre duas mulheres, por exemplo, podem-se ouvir cantigas de elogio à beleza feminina:

Menina bonita
Quem foi que falou
Que meu coração
Vive sem seu amor

Menina, oi, menina
Menina, menina, menina
(*Anande das Areias*)

Para um jogo no qual um capoeirista desafia seu adversário:

Nessa roda não tem homem
Para vir jogar comigo
Os homens que eu desafio
Todos eles são amigos
Mas quem quiser me conhecer
Faça uma roda aí no chão
Toque um toque de berimbau
E cante uma louvação
(*anônimo*)

O mestre de capoeira responsável pelo espaço onde se realiza a roda é a autoridade máxima do recinto. Dois capoeiristas acocoram-se à frente da orquestra musical. Um deles "puxa" (canta) então uma ladainha, cuja letra pode conter um desafio ao seu parceiro de jogo. Este então entoará outra ladainha em resposta e, ao final, cantará os versos que são a senha para sua entrada na roda:

Iê, dá volta ao mundo
Iê, dá volta ao mundo, CAMARÁ
Iê que o mundo dá
Iê que o mundo dá, camará
Iê, vamos embora

Iê, vamos embora, camará
Iê, pelo mundo afora
Iê, pelo mundo afora, camará
(*anônimo*)

Então eles se preparam para o combate: benzem-se levando a mão ao chão e às vezes tocando também o berimbau, e completam fazendo o sinal da cruz. Em seguida, dão-se as mãos e fitam-se mutuamente, aguardando que o tocador do berimbau berra-boi o incline sobre a cabeça deles. O berimbau, além de sua notabilidade como principal instrumento da orquestra musical da capoeira, é representado também como a maior autoridade da roda de capoeira, uma vez que a ordem para entrar nela – e, muitas vezes, para sair – é por ele emitida. Esse gesto de inclinação do berimbau é visto pelos capoeiristas como uma autorização ou uma bênção para seu ingresso na roda. A partir desse momento, como todos os capoeiristas sabem, o máximo cuidado é pouco, pois tudo pode acontecer.

FIGURA 12. Dois capoeiristas acocoram-se na boca da roda, aguardando a ordem do berimbau para começar a jogar.

Os capoeiristas entram na roda por uma região conhecida como boca da roda, que é delimitada por duas linhas paralelas estreitas pintadas à frente do conjunto musical, e iniciam então uma ou duas tensas voltas, andando em torno do círculo externo em sentido anti-horário. Em seguida, detêm-se na boca da roda e executam, um de frente para o outro e simultaneamente, um aú em direção ao centro. O aú é um movimento corporal de inversão no qual os dois braços abertos, quando em contato com o chão, tomam a forma da letra A, e as duas pernas, abertas no ar, assemelham-se à letra U.

FIGURA 13. O aú é um movimento de inversão corporal em que os braços do capoeirista formam a letra A e suas pernas formam a letra U. É muito usado na roda de capoeira, tanto na de angola como na regional.

Inicia-se então o jogo, que deve restringir-se ao espaço da roda.

Para entrar na roda, o capoeirista deve "comprar o jogo", acocorando-se na boca da roda. Quando julga oportuno, interrompe a disputa que está em curso colocando-se à frente daquele com quem deseja jogar. Os dois vêm rapidamente ao pé do berimbau, dão-se as mãos, fazem o aú e iniciam um novo jogo.

O ritual da roda, em geral, encerra-se com cantigas de despedida, como esta:

Adeus, adeus
Boa viagem
Eu vou-me embora
Boa viagem
Vou com Deus
Boa viagem
E Nossa Senhora
Boa viagem
(*anônimo*)

Os capoeiristas estabelecem uma interessante relação entre a roda de capoeira e o mundo, pois entrar na roda é "dar a volta ao mundo" ou ir "pelo mundo afora". Mas se a roda de capoeira é o mundo, é um mundo diferente, particular, ao mesmo tempo profano e sagrado. Profano porque, para ter acesso a ele, os capoeiristas pagam de maneira simbólica, ou seja, eles "compram o jogo". Mas, ao mesmo tempo, é o lugar do sagrado, porque lá ninguém entra nem tampouco sai sem antes se benzer. Além disso, ao final do ritual, canta-se uma música de despedida, quando os capoeiristas desejam uma "boa viagem" uns aos outros em seu regresso do "mundo da roda" ao "mundo dos homens".

Antes de entrar na roda o capoeirista se benze tocando o chão. Portanto, o sagrado está no chão. Nascida com a escravidão negra, a capoeira está impregnada de uma visão africana de mundo. E o sagrado, para a cultura religiosa africana, está localizado especialmente na terra, embaixo – em oposição ao legado judaico-cristão, que situa o sagrado no céu, no alto.

Essa religiosidade está presente em todos os elementos da capoeira. O berimbau é um instrumento musical e uma autoridade espiritual ao mesmo tempo. Seus toques musicais misturam nomes de santos católicos com nomes de pessoas e regiões geográficas; assim, temos de um lado São Bento Grande, São Bento Pequeno, Santa Maria e, de outro, Angola, Idalina, Benguela e Amazonas.

Também os nomes dos movimentos corporais da capoeira misturam nomes sagrados e profanos, como bênção, cruz, aú Santo Amaro, de um lado, e vingativa, desprezo e boca de calça, de outro. Para aplicar com eficiência seus golpes e contragolpes, os capoeiristas julgam que não basta ter técnica, é preciso ter sobretudo mandinga, alusão a um determinado poder mágico que nos conduz ao campo do sagrado afro-brasileiro.

O jogo de capoeira estabelece a comunicação na forma de um diálogo entre dois corpos. Um jogador descobre a intenção do corpo do outro e reage a ela, buscando sempre surpreender o adversário. Porém, embora esse diálogo corporal seja improvisado durante a roda, certas regras devem ser observadas, tanto na capoeira de angola quanto na regional. Se não há obediência às regras que organizam os movimentos corporais do jogo, o diálogo entre os corpos tende a se tornar um monólogo.

Mas o que significam os movimentos corporais da capoeira? O que eles podem nos dizer sobre a história das relações entre negros e brancos no Brasil? Vimos que, para adentrar a roda, esse território ambíguo, ao mesmo tempo sagrado e profano, os capoeiristas executam um movimento corporal de inversão: o aú.

Na ordem de importância dos movimentos corporais da capoeira este é um dos mais importantes, depois da ginga, pois é por meio dele que se pode ter acesso à roda, isto é, ao "mundo". De qualquer forma, a entrada na roda se dá sempre por alguma inversão: seja a do alto pelo baixo (mais comum), seja a combinação do alto pelo baixo e da frente pelas costas. Assim, entra-se no "mundo", literalmente, de cabeça para baixo.

O privilégio do baixo corporal: a ginga e os pés

Considerando, portanto, a relação entre a roda de capoeira e o mundo, o capoeirista, ao entrar na roda de cabeça para baixo, ao inverter o alto pelo baixo, estaria subvertendo a ordem de importância corporal dominante – em que as mãos são mais valorizadas do que os pés – e, de forma figurativa, também a ordem da sociedade em que vive. Como veremos, o mundo da capoeira é um mundo às avessas. Nesse mundo invertido, o baixo corporal (pés e quadris) torna-se mais importante do que o alto corporal (cabeça, mãos e tronco). Por que isso ocorre e o que significa?

Na movimentação corporal da capoeira prevalece a orientação para baixo. O próprio nome dessa luta-jogo-dança já sugere essa direção, pois um dos significados mais comuns do termo "capoeira" (do tupi *kapu'era*) é "terreno em que o mato foi roçado e/ou queimado para cultivo da terra ou outro fim"; ou ainda "mato que nasceu nas derrubadas da mata virgem" (Ferreira, 1986). Várias letras de músicas de capoeira também nos conduzem para baixo, como estas:

O facão bateu embaixo
A bananeira caiu

Pega esse nego

Derruba no chão
Esse nego é valente
Esse nego é o cão

A canoa virou, marinheiro
No fundo do mar tem dinheiro

Marimbondo me mordeu
Me mordeu foi no umbigo
Se mordesse mais embaixo
O caso tava perdido
(*anônimo*)

No baixo corporal da capoeira predominam os quadris e os pés. O privilégio dos quadris se faz notar pela movimentação corporal básica da capoeira: a ginga. Esta é marcada por uma oposição entre braços e pernas (perna direita na frente/braço esquerdo na frente; perna esquerda na frente/braço direito na frente), sincronizados com movimentos para os lados, para a frente e para trás, e joelhos levemente flexionados, constituindo-se numa movimentação permanente dos capoeiristas em busca de um equilíbrio dinâmico (Tavares, 1984, p. 78).

Mesmo fora da roda, a ginga acaba tornando característica até a forma de andar do capoeirista. A inscrição da ginga no próprio corpo dos capoeiristas, como uma tatuagem invisível, foi observada já no final do século 19. Moraes Filho (1979, p. 258) destacou o jeito de andar dos capoeiristas: "Seu andar é oscilante, gingado e na conversa com os companheiros guarda distância, como em posição de defesa".

FIGURA 14. Nas rodas de capoeira de rua é comum que a plateia, em retribuição aos capoeiristas, lance no centro da roda uma nota de dinheiro dobrada, que, nesta foto, é simbolizada pelo papel amassado. Aí começa um jogo (o toque do berimbau chama-se "Panha laranja no chão tico-tico"), em que os dois capoeiristas, usando de muita malícia, devem pegar o dinheiro com a boca. Enquanto um deles tenta fazer isso, o outro procura sempre afastá-lo, em geral com os pés. O primeiro que conseguir pegar a nota ficará com ela. Na foto, mestre Kenura (andando, à esquerda) finge que está machucado, tentando iludir seu adversário, que está agachado na boca da roda.

A ginga está centrada nos quadris. É daí que partirão os golpes e os contragolpes durante a luta. No entanto, a ginga é ritmada pelo som do berimbau, sendo por seu intermédio que o corpo dos capoeiristas descreve círculos no espaço circular da roda e seu corpo dança, aproximando a capoeira do divertimento, da brincadeira e do jogo, do lúdico.

A ginga é "boa para pensar" porque faz que a capoeira deslize entre as categorias: não é um esporte, mas é; não é uma dança, mas é; não é uma luta, mas é. Ainda hoje essa variedade de sentidos lúdico-combativos está presente e contamina todos os elementos do sistema cultural da capoeira: o berimbau é um instrumento musical, mas é ao mesmo tempo uma arma, pois se diz "armar" o berimbau para poder tocá-lo (isto é, montar o instrumento e afiná-lo, esticando-se o arame, prendendo-o a uma das extremidades da madeira envergada e depois amarrando a cabaça a outra extremidade) e em "desarmá-lo" ao final de uma roda.

Mas há ainda algo fundamental a ser ressaltado em relação à ginga: é ela que impede o confronto direto entre os capoeiristas. O jogo de capoeira é marcado pela oposição ataque-esquiva, o que nos remete à oposição espaço cheio-espaço vazio. Como o enfrentamento é indireto, não se bloqueia o golpe adversário, portanto o contragolpe vem sempre preencher o espaço vazio deixado pelo golpe. Ritmado pela ginga, o corpo de um capoeirista está sempre preenchendo o espaço vazio deixado pelo corpo do outro. Como explica mestre Sombra, capoeirista sergipano residente em Santos (SP), o corpo do capoeira "é que nem água", no sentido de que se derrama pelo espaço livre e a ele se amolda, preenchendo todos os espaços vazios que encontra.

Essa oposição ataque/esquiva é fundamental, porque uma esquiva pode esconder um ataque, enquanto um ataque pode, rapidamente, transformar-se numa esquiva. Ter mandinga é saber ler as intenções do outro jogador pela percepção de sua linguagem corporal e adiantar-se a elas, porém é também saber fazer que o outro jogador "entre na sua", ou seja, jogue o seu jogo e não o dele, o que o colocará em situação desvantajosa. É também saber ocultar com eficiência a própria intenção e o ataque surpresa no momento exato. É por meio da ginga que se adquire e se exerce a mandinga.

Para ser mandingueiro, o controle do capoeirista sobre o próprio corpo deve ser total. Ter autonomia sobre o próprio corpo, ter controle dos movimentos corporais em cima, embaixo, de frente, de costas, no chão, no ar, é imprescindível para ser "improvisado e imprevisível" (Barbosa, 1989, p. 15). Ainda hoje, no jogo de capoeira, o que importa é saber conservar-se em equilíbrio, não perder o apoio; e, se acontecer de cair, deve--se cair bem, isto é, pronto para levantar-se o mais rápido possível, como diz uma cantiga de capoeira entoada sempre que um capoeirista cai ou é derrubado na roda: "Escorregar não é cair/é um jeito que o corpo dá".

Vemos que o enfrentamento indireto na capoeira proporcionado pela ginga expressa, pela linguagem corporal, o modo como os negros são vistos pela sociedade: seu lugar social e as estratégias de ação que estão ao seu alcance em sua busca de melhores condições de vida.

Não faz muito tempo que alguns historiadores, como Sidney Chalhoub (1990), João José Reis e Eduardo Silva (1989), entre outros, vêm chamando atenção para a necessidade de se pensar a resistência escrava no Brasil com base em um conhecimento mais amplo das estratégias cotidianas de que se serviram homens e mulheres para a conquista de sua liberdade. Assim, entre a oposição aberta à escravidão (personificada pela figura histórica de Zumbi, aliás lembrado na capoeira) e a submissão conformada (representada pelo personagem do Pai João) estaria situada a grande massa dos "escravos que negociam" (Reis e Silva, 1989).

Os escravos negociavam sua liberdade e apenas quando as possibilidades de barganha e as concessões se esgotavam partia-se para a ruptura, para o confronto direto. É justamente essa aparente oposição entre a rebeldia passiva e a rebeldia ativa que determina os vários sentidos do jogo de capoeira e de seus movimentos corporais. E, sobretudo por permitir disfarçar a luta na forma da dança, a ginga se estabelece como principal responsável por essa ambivalência.

Dessa forma, fica claro que a resistência negra no Brasil foi pautada principalmente pela negociação constante entre os escravos e seus senhores, mais do que pelo confronto aberto (rebeliões, fugas, formação de quilombos) ou pela passividade absoluta. No jogo de capoeira, o enfrentamento na roda é indireto e não direto. Nesse sentido, o jogo de capoeira remete mais a uma negociação do que a uma rebelião. Os corpos negociam e a ginga denota a possibilidade da barganha, atuando com o intuito de impedir o conflito. Porém, ao menor sinal de distração do oponente, quando "as chances de falhar são mínimas" – como ensina mestre Pastinha –, explode o contra-ataque, como um relâmpago, deflagrando-se então o conflito.

Chegamos, assim, a um aspecto político fundamental do jogo de capoeira, interpretado como um enfrentamento indireto entre os dois capoeiristas. Este é um jogo de contrapoder, no qual o importante é saber aproveitar o espaço vazio deixado pelo outro e, quando houver oportunidade, partir para o confronto direto. O mesmo corpo que, à primeira vista, conforma-se, insurge-se e ataca no momento oportuno. E ataca de um jeito inesperado, invertendo as regras do jogo que garantem a dominação, já que aquele que parecia dominar a situação poderá, subitamente, tornar-se ele próprio o dominado.

A surpresa subverte, pois realiza essa inversão nas regras do jogo da dominação. A intenção principal no jogo de capoeira é sempre a de desequilibrar o outro, que, por sua vez, deve evitar cair. Cair é ficar em desvantagem, é perder poder. Todas as estratégias de luta da capoeira têm esse propósito, isto é, derrubar o outro. Para que isso ocorra, mais do que força física, o capoeirista deve ter fundamentalmente mandinga, malícia.

Ter malícia no olhar, uma das armas de que dispõe o capoeirista, é estar treinado para seguir o adversário com os olhos o tempo todo, o que lhe possibilita perscrutar o outro e descobrir--lhe a intenção oculta, permitindo-lhe adiantar-se a ela.

O capoeirista pode se valer da malícia para desviar a atenção do adversário, como mancar de uma perna fingindo ter sido atingido por um golpe, demonstrar cansaço, enfim, disfarçar a sua verdadeira intenção.

Portanto, se considerarmos que a roda de capoeira tem relação com o espaço social, pode-se dizer que o jogo de capoeira representa uma negociação política travada entre negros e brancos no Brasil. Negociação essa que se tornou permanente: a busca da liberdade no tempo da escravidão e a busca de um espaço político mais amplo para os negros na sociedade brasileira. Mesmo a existência da capoeira na sociedade atual é fruto de uma ampla negociação política por autonomia e reconhecimento social, iniciada nos idos da escravidão (veja o Capítulo 1). Uma das cantigas de capoeira mais conhecidas atesta essa negociação infinita inscrita no próprio jogo:

Ou sim, sim, sim!
Ou não, não, não!

Ou sim, sim, sim!

Ou não, não, não!

(*anônimo*)

Há uma alternância na direção do olhar do capoeirista, pois, uma vez que ele é treinado a seguir sempre o outro jogador com os olhos e a movimentação em cima e embaixo é constante, há uma recorrente inversão do olhar, com o predomínio do sentido de baixo para cima. Esse "ver o mundo de ponta-cabeça" é uma constante na maioria dos movimentos corporais da capoeira, como todos os tipos de aú, bananeira e outros.

A troca do alto pelo baixo é o movimento mais frequente no repertório corporal da capoeira, a começar pela própria via de acesso à roda (que é um mundo simbólico), quando os capoeiristas, em geral, executam um movimento de inversão: o aú. O corpo gira, invertendo e desinvertendo a ordem de importância dos movimentos do nosso corpo. Às vezes o nome do golpe remete à inversão indiretamente, como no caso do voo do morcego, que leva o nome de um animal que dorme de cabeça para baixo.

Várias cantigas de capoeira aludem a essa inversão física dos movimentos corporais:

Menino, quem foi teu mestre

Meu mestre foi Salomão

Andava de pé pra cima

Andava com a mão no chão

(*anônimo*)

FIGURA 15. Mestre Kenura, (à esquerda) *compra o jogo* (isto é, pede licença) do capoeirista que está de cabeça para baixo, para entrar na roda e jogar com a capoeirista que está à direita.

Uma renovação de sentido ocorre em relação aos movimentos da capoeira com determinados objetos que, no cotidiano, normalmente são utilizados ou manipulados no alto corporal (mais especificamente pelas mãos), tais como tesouras, compassos, martelos, relógios, piões etc. Na capoeira, esses objetos são representados no baixo corporal, sendo que partes do corpo operam uma substituição de significados. Assim, serão os hábeis pés dos capoeiristas, e não as mãos, os principais responsáveis pela movimentação desses objetos, aqui dotados de autonomia, pois se movem por si próprios. Um exemplo disso é a tesoura, cujas lâminas são representadas pelas pernas do capoeirista, que "cortam" o outro jogador ao meio.

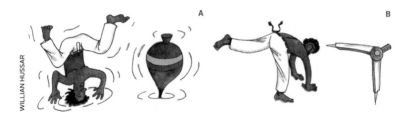

FIGURA 16. Ao fazer o movimento de pião (A), a cabeça do capoeirista gira no chão como se fosse tal brinquedo. Já na meia-lua de compasso (B), a perna do capoeirista desenha no ar um círculo semelhante ao feito por esse instrumento.

Há também objetos que usualmente servem ao alto corporal e, no baixo corporal da capoeira, recebem uma nova destinação. Esse é o caso do chapéu de couro, que serve para proteger a cabeça, mas na capoeira é um golpe aplicado com a lateral do pé em direção à cabeça do adversário, descrevendo no ar um movimento arredondado que lembra a forma de um chapéu. Em vez de proteger a cabeça, o golpe supõe uma ameaça a ela.

Essa lógica do avesso que perpassa os movimentos faz da roda de capoeira um mundo invertido. "Anda-se" com as mãos no chão e os pés para o alto, "abençoa-se" com os pés em vez das mãos ou "apanha-se" o dinheiro com a boca. Esse rebaixamento dos gestos e dos objetos assegura uma renovação rica de sentido que provoca o riso. Como lembra Bakhtin (1987, p. 330), pelo riso domina-se o medo e subverte-se a seriedade da ordem estabelecida. O humor é subversivo porque desafia e abala a ordem social, porque realiza uma inversão. Quanto à nova forma de emprego de objetos como martelo, compasso, relógio, chibata, tesoura, mencionados antes, o rebaixamento substitui seu uso corriqueiro, em geral relacionado ao mundo do trabalho, e os transforma em golpes e contragolpes de capoeira que, ao contrário do mundo do trabalho, que é dominado pela utilização mecânica das mãos, exigem a habilidade e a improvisação dos pés.

Salvadori (1990, p. 107-8) destaca o humor e o riso presentes nas atitudes dos capoeiras do século 19, que profanavam festas religiosas e procissões "provocando risos, CHUFAS e gracejos" ou interrompendo violentamente os desfiles patrióticos. Nessas ocasiões, como salienta a autora, a ordem oficial é negada e o culto aos símbolos nacionais e católicos, pretendido pelas solenidades, é obrigado a conviver com seu avesso. Rir do poder escravista era também uma forma de minar os rígidos princípios daquela sociedade. Hoje, as músicas de capoeira estão repletas de situações bem-humoradas que subvertem a hierarquia e os valores dominantes. Muitas letras, além de aludirem à inversão física, também se referem às inversões na relação entre homem e animal e entre homem e homem. Seguem alguns exemplos:

1. Inversão da relação entre homem e animal

Eu vinha pelo caminho
Uma cobra me mordeu
Meu veneno era mais forte
Foi a cobra que morreu

2. Inversão da relação homem e homem:

a) inversão de *STATUS*

Olha, **CAPITÃO DO MATO**
Veja que o mundo virou
Foi ao mato pegar o negro
Mas o negro lhe amarrou

b) inversão ETÁRIA

Alô, chapéu grande
Beirada de ventania
Peguei na perna da velha
Pensando que era da filha
Perna da velha é cascuda
Perna macia é da filha

c) inversão sexual

Eu queria conhecer
A semente da samambaia
Se não tivesse maré
Não podia ter praia
Se não tivesse mulher
Homem vestia saia
(*anônimo*)

Mas, afinal, qual é o sentido do predomínio do baixo corporal na capoeira? Qual é o significado da inversão corporal que impõe uma permuta constante do alto e do baixo?

Na capoeira, o alto corporal perde a importância. O que conta é ter ginga, origem de toda a mandinga, a qual permite ampliar o espaço por meio do confronto indireto, da negociação. Mas negocia-se especialmente com os pés. Por isso, na capoeira, além do jogo de quadris, valem a habilidade e a criatividade dos pés, "pensar com os pés". O bom capoeirista "joga sem imaginar", ou seja, sem pensar, diz uma cantiga de capoeira.

Regional e de angola: duas propostas sociais

De acordo com as regras do jogo de capoeira, tanto na de angola quanto na regional, o alvo principal é a cabeça do oponente. Portanto, considerando que a região do corpo de onde parte a maioria dos golpes de capoeira são os pés (o baixo corporal), estes, em geral menos importantes, desprivilegiados e impotentes, constituem-se numa nítida ameaça à cabeça (o alto corporal), centro do poder e da decisão.

Nesse mundo invertido conquista-se a autonomia sobre o próprio gesto, subvertendo-se a proposta de corpos dóceis e mecanizados. Esse mundo de pernas para o ar é o mundo da vadiação – expressão, aliás, bastante utilizada na capoeira de angola como sinônimo de jogo de capoeira. A roda de capoeira é o lugar do "não trabalho", no qual as mãos são passivas, ao contrário do mundo do trabalho manual. A essa inversão física das mãos pelos pés corresponde uma inversão da ordem social dominante, que dignifica o trabalho. Nas letras de músicas da capoeira não há uma condenação da vadiagem, mas ironiza-se o trabalho disciplinado.

Essa orientação para baixo presente nos movimentos corporais da capoeira, que inverte a ordem de importância corporal predominante, privilegiando o baixo corporal tem, portanto, um sentido libertário, de contestação do trabalho disciplinado. Por isso, podemos dizer que é nos pés ativos, hábeis e criativos dos capoeiras que encontramos o sentido da rebeldia e da autonomia do corpo. Porém, esse questionamento da ordem se faz por meio do confronto indireto, da negociação.

Na capoeira de angola predomina o jogo no plano baixo, enquanto na capoeira regional o jogo acontece mais no plano alto. Há, portanto, uma oposição entre os dois estilos. Esquematicamente, podemos destacar uma série de oposições presentes nos movimentos corporais da capoeira de angola e da regional:

Capoeira de angola

- jogo mais pelo chão/ginga baixa;
- jogo mais na defesa/jogo mais lento;
- corpos não se tocam/ginga mais dançada;
- ênfase no lúdico;
- maior teatralidade.

Esta cantiga de capoeira, muito conhecida em todo o Brasil (e no exterior), é cantada durante as rodas de capoeira de angola. O cantor e compositor baiano Caetano Veloso gravou alguns versos dela em sua música "Triste Bahia" (álbum *Transa*, de 1972).

Eu já vivo enjoado
De viver aqui na Terra
Minha mãe, eu vou pra Lua
Falei com minha mulher
Ela então me respondeu,
Nós vamos se Deus quiser

Vamos fazer um ranchinho
Todo feito de sapé
Amanhã às sete horas
Nós vamos tomar café, camaradinha
Iê, viva a Bahia!
Iê, viva a Bahia, camará!
Iê, viva meu mestre!
Iê, viva meu mestre, camará!
Iê, que me ensinou!
Iê, que me ensinou camará!
Iê, a capoeira!
Iê, a capoeira, camará!

(anônimo)

Capoeira regional

- jogo mais pelo alto/ginga alta;
- jogo mais no ataque/jogo mais rápido;
- corpos se tocam;
- ginga menos dançada/ênfase na competição;
- menor teatralidade.

Conhecida em todo o Brasil e também no exterior, a cantiga a seguir é cantada durante as rodas de capoeira regional.

Ao pé de mim tem um vizinho
Que enricou sem trabalhar
Meu pai trabalhou tanto
Nunca pôde enricar

Mas não deitava uma noite
Que não deixasse de rezar, camará...

(anônimo)

Embora diversos, esses dois estilos de capoeira têm em comum o fato de representarem estratégias simbólicas de reconhecimento e aceitação social do negro. Mas o fazem por caminhos diferentes.

No plano social, o que a capoeira regional deseja é "levantar" o negro e representa a afirmação da presença negra no cenário nacional. A capoeira de angola, por sua vez, quer valorizar as características próprias do negro. No plano social, ela representa a afirmação da identidade negra, acentuando sua diferença como forma de inserção social dos negros na sociedade.

Assim, se o jogo de capoeira pode ser tomado como um modo de negociação entre negros e brancos no Brasil, esses dois estilos corporais de capoeira são propostas negras distintas de negociação, relativas à inserção social dos negros na sociedade. Ambos são duas respostas sociais, dois modos diferentes de falar do lugar dos negros na sociedade brasileira, expressos por meio da linguagem corporal.

Ao inverter a ordem do mundo, colocando-o literalmente de pernas para o ar, a capoeira não se opõe por completo a ela, mas, ao contrário, joga no campo de possibilidades de luta traçado pelo adversário. Nesse confronto indireto, ter mandinga, saber esconder a intenção do ataque certeiro no momento exato é fundamental. E, para isso, há uma razão histórica: a capoeira tem origem na escravidão, portanto, é uma luta que possibilita ao fraco defender-se do forte. Como dizia mestre Pastinha: "Capoeirista é mesmo muito disfarçado, contra a força só isso mesmo".

GLOSSÁRIO

ABERTA: vacilo, hesitação.

ACHINCALHAR: zombar.

AÇOITE: chicotadas.

ALQUEBRADA: enfraquecida.

AMBIGUIDADE: que apresenta duas naturezas diferentes.

APARELHO MASTIGANTE: boca, na gíria dos capoeiras cariocas do começo do século 20.

ARBÍTRIO: resolução dependente só da vontade.

BATRÁQUIO: sapo ou que tem suas características.

BOTAR A CARAPUÇA: tipo de penteado.

CALÃO: baixo calão, isto é, palavrão.

CAMARÁ: termo usado na capoeira como corruptela de "camarada", sendo uma forma de tratamento bastante utilizada pelos capoeiristas quando cumprimentam uns aos outros.

CAPITÃO DO MATO: responsável pela prisão de escravos fugitivos na época do Brasil Colônia (1500-1822) e do Brasil Império (1822-1889).

CAPOEIRAS: no século 19, usava-se o termo "capoeira" tanto para designar a luta como os seus praticantes. Apenas a partir da década de 1930, quando a capoeira se torna um esporte, passará a ser utilizado o termo "capoeirista" para os que a treinavam.

CHUFA: nome dado a uma erva ardida, também chamada de tiririca. Tiririca era a designação dada à capoeira na cidade de São Paulo no começo do século 20.

CHULA: grosseira, sem refinamento.

CONDIÇÃO JURÍDICA: nesse caso, a expressão refere-se à diferenciação entre o escravo e o liberto (isto é, o escravo que obteve a sua liberdade).

CONGÊNERE: similar, parecido.

CONTENDOR: competidor.

DESCOBRAR: vingar.

DESTREZA: agilidade de movimentos.

DETERMINISMO RACIAL: teoria antropológica desenvolvida na Europa, na segunda metade do século 19, segundo a qual a raça determinava as características físicas, o caráter e o comportamento das pessoas. Os adeptos dessa teoria defendiam a preservação dos "tipos puros" e viam na mistura de raças a causa da degeneração racial e social.

EMBALDE: inutilmente.

ENXOVALHAR: insultar.

ESBORDOAR: bater, surrar.

ESTIGMA: marca condenável.

ETÁRIO: relativo à idade.

EVOLUCIONISMO SOCIAL: teoria antropológica surgida na Europa, na primeira metade do século 19, a qual pressupunha que todos os povos passam pelas mesmas etapas de evolução, desde o estado primitivo até o estado civilizado. Na base dessa evolução, estariam situadas as sociedades não europeias e, no topo, a sociedade europeia.

FLORETE: espada.

FOLGUEDO: dança ou festa.

FREGUESIA: no século 19, divisão administrativa que corresponde aproximadamente ao que hoje chamamos de bairro.

HORDA: bando de malfeitores

JORNALEIRO: no século 19, o termo era usado para designar quem executava um trabalho temporário.

LÉPIDO: ágil, ligeiro.

NEGRA QUITUTEIRA: negra vendedora de doces.

PALMATOADA: castigo aplicado aos escravos que consistia em bater com uma palmatória na palma da mão.

PARAMILITAR: organização não militar que imita a disciplina e a estrutura do Exército.

PASSAGEIROS: no século 19, esse termo era usado para designar as pessoas que passavam pelo local.

PEDESTRE: no século 19, a palavra era usada para designar os policiais.

PERFORMANCE: execução.

PORTARIA: documento de ato administrativo da autoridade pública.

PROLIFERAR: multiplicar-se.

QUILOMBO: refúgio de escravos fugidos.

REPRESENTAÇÕES SOCIAIS: expressam e produzem os conhecimentos, as crenças e os sentimentos de um grupo social, sendo possível, por meio delas, compreender o comportamento desse grupo.

STATUS: relativo à condição social.

TORRE DE PENSAMENTO: cabeça, na gíria dos capoeiras cariocas do começo do século 20.

TROCISTA: no século 19, a palavra era empregada para designar o jornalista/humorista.

VULNERABILIDADE: diz-se do ponto pelo qual alguém pode ser atacado.

REFERÊNCIAS BIBLIOGRÁFICAS

ABREU, Plácido. *Os capoeiras.* Rio de Janeiro: Tipografia da Escola de Serafim José Alves, s/d.

ALMEIDA, Raimundo C. A. (mestre Itapoan). *Bimba: perfil do mestre.* Salvador: Centro Editorial e Didático da Universidade Federal da Bahia, 1982.

BAKHTIN, Mikhail. *A cultura popular na Idade Média e no Renascimento.* Brasília: Hucitec/UnB, 1987.

BARBOSA, Wilson do Nascimento. "Ginga, o elo perdido", outubro de 1989, Departamento de História, Universidade de São Paulo (fotocópia).

BRETAS, Marcos Luiz. "A queda do império da navalha e da rasteira (a República e os capoeiras)". *Cadernos Cândido Mendes.* Rio de Janeiro: Centro de Estudos Afro-asiáticos, junho de 1991.

BURLAMAQUI, Aníbal. "Regulamento de capoeiragem". In: SILVA, Valdemar de Lima. *Defesa pessoal: método eclético.* Rio de Janeiro: Briguiet, 1951.

CARVALHO, Murilo. "A capoeira perto do fim?" In: CARVALHO, Murilo *et al. Artistas e festas populares.* São Paulo: Brasiliense, 1977.

CASCUDO, Luis da Câmara. *Dicionário do folclore brasileiro.* 6. ed. Belo Horizonte: Itatiaia; São Paulo: Edusp, 1988.

CHALHOUB, Sidney. *Visões da liberdade.* São Paulo: Companhia das Letras, 1990.

CORREIO PAULISTANO, São Paulo, 17 de junho de 1890.

DOCUMENTAÇÃO JURÍDICA sobre o negro no Brasil (índice analítico). Salvador: Secretaria da Cultura/Empresa Gráfica da Bahia, 1988.

FERREIRA, Aurélio Buarque de Holanda. *Novo dicionário Aurélio da língua portuguesa.* 2. ed. Rio de Janeiro: Nova Fronteira, 1986

FREIRE, Roberto. "É luta, é dança, é capoeira!" *Revista Realidade*, São Paulo, v. 1, n. 1, fevereiro de 1967.

HOLLOWAY, Thomas. "O 'saudável terror': repressão policial aos capoeiras e resistência dos escravos no Rio de Janeiro no século XIX". *Cadernos Cândido Mendes*. Rio de Janeiro: Centro de Estudos afro-asiáticos, março de 1989.

L. C. "A capoeira". *Revista Kosmos*, Rio de Janeiro, III, 3 de março de 1906.

MAGALHÃES FILHO, Paulo Andrade. *Jogo de discursos: a disputa por hegemonia na tradição da capoeira angola baiana.* Salvador: Edufba, 2012.

MORAES FILHO, Mello. (1893) "Capoeiragem e capoeiras célebres". In: *Festas e tradições populares.* São Paulo: Edusp, 1979.

MOURA, Jair. *Mestre Bimba: a crônica da capoeiragem.* Salvador: Fundação Mestre Bimba, 1991.

PASTINHA, Mestre. *Capoeira angola.* Salvador: Secretaria de Cultura da Bahia, 1988.

PINTO, Tiago de Oliveira. "Capoeira e berimbau", texto do encarte do disco, Rio de Janeiro: Funarte, 1988.

PIRES, Antonio Liberac Cardoso Simões. *A capoeira no jogo das cores: criminalidade, cultura e racismo na cidade do Rio de Janeiro (1890-1937).* 1996. (Mestrado em História) – Universidade Estadual de Campinas (Unicamp), SP.

REGO, Waldeloir. *Capoeira angola: ensaio sócio-etnográfico.* Salvador: Itapuã, Coleção Baiana, 1968.

REIS, João José; SILVA, Eduardo. *Negociação e conflito: a resistência negra no Brasil escravista.* São Paulo: Companhia das Letras, 1989.

RUGENDAS, João M. (1835) *Viagem pitoresca através do Brasil.* 2 v. 8. ed. São Paulo: Edusp, 1979.

SALVADORI, Maria Ângela Borges. *Capoeiras e malandros: pedaços de uma sonora tradição popular (1890-1950).* 1990. Dissertação (Mestrado em História) – Universidade Estadual de Campinas (Unicamp), SP.

SANTOS, Esdras Magalhães (mestre Damião). *Revista Praticando Capoeira.* ano III, n. 32, p. 35. São Paulo: Editora D+T, 2005.

SCHWARCZ, Lilia M. *Retrato em branco e negro: jornais, escravos e cidadãos em São Paulo no final do século XIX.* São Paulo: Companhia das Letras, 1987.

_____. *O espetáculo das raças: cientistas, instituições e questão racial no Brasil 1870-1930.* São Paulo: Companhia das Letras, 1993.

SILVA, Valdemar de Lima. *Defesa pessoal: método eclético.* Rio de Janeiro: Briguiet, 1951.

SOARES, Carlos Eugênio. *A negregada instituição: os capoeiras no Rio de Janeiro.* Rio de Janeiro: SMC/Departamento Geral de Documentação e Informação Cultural, 1994.

SODRÉ, Muniz. *Mestre Bimba: corpo de mandinga.* Rio de Janeiro: Manati, 2002 (Coleção Bahia com H, v. 1)

TAVARES, Julio César de Souza. *Dança da guerra: arquivoarma.* Dissertação. 1984. (Mestrado em Sociologia) – Universidade de Brasília, Brasília (DF).

BIBLIOGRAFIA SUGERIDA

ABREU, Frederico José. *O barracão do mestre Waldemar: textos e depoimentos, ilustrações e fotografias.* Salvador: Zarabatana, 2003.

ABREU, FREDE. *Improviso de Pastinha: mestre Ferreira Pastinha.* Salvador: Acervo Frede Abreu/Secretaria de Cultura do Estado da Bahia, 2013 (além desta versão em português, há também uma versão em inglês).

_____; DOWNEY, Greg (orgs.). *Mestre Pastinha: como eu penso? Despeitados?* Salvador: Acervo Frede Abreu/Secretaria de Cultura do Estado da Bahia, 2013 (além desta versão em português, há também uma versão em inglês).

AREIAS, Anande das. *O que é capoeira.* 4. ed. São Paulo: Editora da Tribo, 1998.

ASSUNÇÃO, Matthias R.; VIEIRA, Luiz Renato. "Mitos, controvérsias e fatos: construindo a história da capoeira". *Estudos Afro-asiáticos*, n. 34, 1988, Universidade Cândido Mendes, Rio de Janeiro.

BIMBA, mestre. "Curso de Capoeira Regional", encarte do disco Curso de Capoeira Regional de mestre Bimba, Salvador, s/d.

BOLA SETE, mestre. *A capoeira angola na Bahia.* Salvador: Fundação das Artes da Bahia/EGBA, 1989.

CARVALHO, José M. *A formação das almas.* São Paulo: Companhia das Letras, 1990.

CARYBÉ. *As sete portas da Bahia.* 5. ed. Rio de Janeiro: Record, 1987.

DIAS, Adriana Albert. *Mandinga, manha & malícia: uma história sobre os capoeiras na capital da Bahia (1910-1925).* Salvador: Edufba, 2006.

FRY, Peter; CARRARA, Sérgio; MARTINS-COSTA, Ana Luiza. "Negros e brancos no carnaval da velha república". In: REIS, João José (org.) *Escravidão & invenção da liberdade: estudos sobre o negro no Brasil.* São Paulo: Brasiliense/CNPq, 1988.

LÉVI-STRAUSS, Claude. *O pensamento selvagem.* Petrópolis: Vozes, 1970.

O. D. C. *Guia do capoeira ou gymnastica brasileira.* 2. ed. Rio de Janeiro: Livraria Nacional, 1907.

PIRES, Antonio Liberac Cardoso Simões. *Bimba, Pastinha e Besouro de Mangangá: três personagens da capoeira baiana.* Tocantins/Goiânia: Neab/Grafset, 2002.

_____. *A capoeira na Bahia de Todos os Santos: um estudo sobre cultura e classes trabalhadoras* (1890-1937). Tocantins/Goiânia: Neab/Grafset, 2004.

REIS, Letícia Vidor de Sousa. *O mundo de pernas para o ar: a capoeira no Brasil.* Fapesp/Publisher Brasil: São Paulo, 1997.

_____. *O mundo de pernas para o ar: a capoeira no Brasil.* 3. ed. Curitiba: CRV, 2010.

REIS, Letícia Vidor de Sousa; SCHWARCZ, Lilia Moritz (orgs.). *Negras imagens: ensaios sobre cultura e escravidão no Brasil.* São Paulo: Edusp, 1996.

RODRIGUES, Diego; NUNO, Fernando (coords.). *Dicionário Larrousse da língua portuguesa mini.* São Paulo: Larrousse do Brasil, 2005.

SOARES, Carlos Eugênio. *A capoeira escrava e outras tradições rebeldes no Rio de Janeiro (1808-1850).* Campinas: Editora da Unicamp, 2001.

_____. *A negregada instituição: os capoeiras na Corte Imperial,* 1850-1890. Rio de Janeiro: Access, 1999.

VIEIRA, Luiz Renato. *O jogo de capoeira: cultura popular no Brasil.* Rio de Janeiro: Sprint, 1995.

BLOGUE

Fundação Mestre Bimba: <http://mestrebimbafundacao.blogspot.com.br/>

CDs

Berimbau e capoeira, Documentário Sonoro do Folclore Brasileiro, 46, Funarte, 1988 (com encarte escrito por Tiago de Oliveira Pinto).

Berimbau Blues (Intérprete: Dinho Nascimento), Velas, Rio de Janeiro, 1996.

Capoeira Água de Menino (Intérprete: mestre Kenura), Pôr do Som, São Paulo, 2010.

Capoeira Cordão de Ouro (Intérpretes: Cordão de Ouro/Mestre Suassuna/ Dirceu), Warner Music.

Capoeira de Besouro (Intérprete: Paulo Cesar Pinheiro), Biscoito Fino, Rio de Janeiro, 2010.

Nzinga Capoeira Angola (Intérprete: Grupo Nzinga), Pôr do Som, São Paulo, 2010.

DOCUMENTÁRIO

Título: Dança de Guerra
Direção: Jair Moura
País de produção: Brasil
Ano: 1968
Sinopse: O documentário resgata a vivência na capoeira de mestres de capoeira da Bahia que atuaram desde a primeira década do 20, como Tiburci-

nho, Totonho e Noronha (este com mais de 60 anos de idade na época da filmagem). Vale destacar o jogo de capoeira de mestre João Grande e mestre João Pequeno no cais com faca e também a presença de mestre Bimba.

DVDs
Título: São Paulo – Corpo e alma
Direção: Rubens Xavier e Paulo Dias
País de produção: Brasil
Ano: 2003
Coprodução: Associação Cultural Cachuera!/Secretaria de Estado da Cultura de São Paulo
Distribuição: Associação Cultural Cachuera!
Sinopse: Trata-se de um livro-CD-DVD que, na forma de documentário, aborda as manifestações de música, dança e teatro do povo paulista em toda a sua variedade de formas e estilos. Esse trabalho mostra ainda que há núcleos de sentido comuns entre essas manifestações, as quais permitem associá-las a tradições que existem em outros estados do Brasil, como em relação aos batuques afro-brasileiros (samba de umbigada e samba-lenço e jongo).

Título: Versos e cacetes – O jogo do pau na cultura afro-fluminense
Direção: Matthias Röhrig Assunção e Hebe Matos
País de produção: Brasil
Ano: 2009
Duração: 37'
Produção: Laboratório de História Oral e Imagem – Labhoi, Universidade Federal Fluminense – UFF
Sinopse: Esse documentário mostra o jogo do pau e sua inserção na cultura afro-fluminense do vale do Paraíba, sendo seus protagonistas os descendentes dos escravos que trabalhavam nos cafezais da região no século 19. A memória do jogo do pau indica novas pistas para a o conhecimento da história da capoeira.

Título: Maré capoeira
Direção: Paola Barreto
País de produção: Brasil
Duração: 14'
Ano: 2005
Distribuição: PBFILMES/AR Produções

Sinopse: Maré é o apelido de João, um menino de 10 anos que sonha tornar--se mestre de capoeira como seu pai, continuando assim a tradição de sua família que atravessa várias gerações.

Título: Paz no mundo camará: a capoeira angola e a volta que o mundo dá
Direção: Carem Abreu e Jorge Moreno
País de produção: Brasil
Duração: 15'
Ano: 2011
Distribuição: Atos Central de Imagens e Acesa
Sinopse: Trata-se de uma versão inédita da história do Brasil: a da africanidade que está impregnada na identidade cultural brasileira por meio dos movimentos de luta e resistência do povo negro na diáspora. Há pouco menos de um século, a capoeira era vista como atividade de "malandros". Mas o que foi feito para mudar sua percepção social a ponto de torná-la, como é hoje, um patrimônio cultural imaterial brasileiro?

Título: Besouro
Direção: João Daniel Tikhomiroff
País de produção: Brasil
Duração: 95'
Ano: 2009
Distribuição: Buena Vista
Sinopse: O filme se passa no Recôncavo Baiano na década de 1920 e relata uma história que mistura misticismo e coragem. Besouro foi um grande capoeirista que, ao se identificar com o inseto do mesmo nome (o qual, quando voa desafia as leis da física) desafiou as leis do preconceito e da opressão.

Título: Mestre Bimba – A capoeira iluminada
Direção: Luiz Fernando Goulart
País de produção: Brasil
Duração: 70'
Ano: 2007 (relançamento)
Distribuição: Biscoito Fino
Sinopse: O filme retrata a vida de Manuel dos Reis Machado, o Mestre Bimba (1899-1974), que prestou uma enorme contribuição à prática da capoeira, tornando-se um dos mestres de capoeira mais conhecidos e admirados. Sua vida é contada por alguns dos seus mais importantes alunos, familiares e pesquisadores, com base no livro *Mestre Bimba: corpo de mandinga*, escrito por Muniz Sodré.

Título: Pastinha! Uma vida pela capoeira
Direção: Antonio Carlos Muricy
País de produção: Brasil
Duração: 55'
Ano: 2009 (relançamento)
Sinopse: Documentário que retrata a vida de um dos maiores mestres da capoeira de angola no século 20. A história desse lendário mestre baiano é contada aqui por grandes mestres de capoeira, como o Mestre João Grande, hoje com academia aberta em Nova York (EUA), e pelas maiores figuras da cultura baiana em sua época.

Jornais e revistas

A Cidade do Rio, Rio de Janeiro, 1889.
A Tarde, Salvador, 21 de maio de 1966.
Diário de Notícias, Rio de Janeiro, 10 de dezembro de 1889; 19 de janeiro de 1890.
Diário de Notícias, Salvador, 31de outubro de 1965; 1º de novembro de 1965.
O Estado da Bahia, Salvador, 7 de fevereiro de 1936.
Tribuna da Bahia, Salvador, 18 de novembro de 1972; 7 de fevereiro de 1974; 14 de janeiro de 1973; 15 de setembro de 1981; 14 de novembro de 1981.

Sites

Portal Capoeira: http://portalcapoeira.com/
Centro Cultural Camará Capoeira: https://sites.google.com/site/centroculturalcamaracapoeira/acervo/livros-textos
Fundação Arte e Vida Capoeira: http://danielpenteado.com.br/bmestresombra.html

YouTube

Raridades da capoeira, mestre nagô: <http://www.youtube.com/watch?-v=0J5ekChtfSw>
Raridades da capoeira, grupo Nzinga Capoeira de Angola: <http://www.youtube.com/watch?v=Cy4gPcKBD60>
Raridades da capoeira, mestres Suassuna e Dirceu: <http://www.youtube.com/watch?v=3SNhZsMOLfg>
Raridades da capoeira, mestre Tony Vargas, salve obaluaiê: <http://www.youtube.com/watch?v=iEgsykiwRJI>

AGRADECIMENTOS

AGRADECEMOS A TODOS OS QUE, de uma forma ou de outra, contribuíram para a elaboração deste livro. Assim, somos muito gratas às professoras doutoras Paula Montero, Maria Lúcia Montes e Lilia Moritz Schwarcz, todas da Universidade de São Paulo (USP), por suas prestimosas orientações teóricas; aos mestres de capoeira Kenura e Anande das Areias, por sua imensa colaboração; à Iyalorixá Mameto Oluanganji (professora doutora Ivete Maria Previtalli), por seu constante incentivo e por estar sempre ao nosso lado; a Flávio Alberto de Sousa Reis, pelo seu grande trabalho de escaneamento das imagens, entre outros; a Antonio Filogenio Júnior, que com muita presteza aceitou nosso pedido para que escrevesse o prefácio; a Frederico José Abreu, pesquisador incansável de capoeira que disponibilizou seu acervo sempre que precisamos; a Elza de Abreu (Acervo Frede Abreu); ao professor Jair Moura, pela cessão de imagens de seu acervo pessoal; à Fundação Mestre Bimba, na pessoa do mestre Josué Menezes; ao Portal Capoeira, na pessoa do editor Luciano Milani; e ao

Grupo de Capoeira Água de Menino, na pessoa de mestre Kenura, também pela cessão de imagens; a Inaê Vidor de Castro, que gentilmente fotografou as autoras; aos amigos capoeiras e aos nossos familiares, por toda a força que nos deram.

Infelizmente não foi possível descobrir a autoria de todas as imagens e cantigas presentes nesta obra. Caso você reconheça algum trabalho seu ou de um colega nestas páginas, pedimos que entre em contato com a Summus Editorial para que o trabalho seja devidamente creditado nas próximas edições.

leia também

A NOVA ABOLIÇÃO
Petrônio Domingues

O livro aborda a resistência dos negros em suas organizações específicas após a abolição da escravatura. Resgatando a história da imprensa negra paulista e a luta dos afrodescendentes pela conquista da cidadania, o autor fala ainda sobre a participação de milhares de negros na Revolução Constitucionalista de 1932 e analisa as atuais ações afirmativas em benefício da população negra.

REF. 40030   ISBN 978-85-87478-30-6

A LEGIÃO NEGRA
A luta dos afro-brasileiros na Revolução Constitucionalista de 1932
Oswaldo Faustino

Este romance histórico conta a história do batalhão composto por afrodescendentes que lutou contra a ditadura de Getulio Vargas pleiteando uma Constituição para o Brasil. O narrador, um centenário ex-combatente, volta atrás muitas décadas para recordar personagens e fatos da Revolução Constitucionalista de 1932, na qual perdeu amigos, conviveu com heróis e covardes, conheceu a dor e a coragem.

REF. 40052   ISBN 978-85-87478-52-8

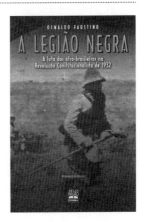

leia também

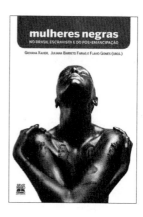

MULHERES NEGRAS NO BRASIL ESCRAVISTA E DO PÓS-EMANCIPAÇÃO
Giovana Xavier da Conceição Côrtes, Juliana Barreto Farias e Flávio dos Santos Gomes (orgs.)
Como foi a participação das mulheres cativas na sociedade escravista e nas primeiras décadas da pós-emancipação? Como protestaram, minando a escravidão e contrariando a ideia de que aceitaram com passividade a opressão imposta? Os ensaios desta coletânea, que abrange os séculos 18 a 20, constituem um quadro amplo e fascinante das experiências das mulheres africanas, crioulas, cativas e forras.
REF. 40070   ISBN 978-85-87478-70-2

VOCÊ CONHECE AQUELA?
A piada, o riso e o racismo à brasileira
Dagoberto José da Fonseca
A piada, cujo intuito é provocar o riso e dissimular conflitos, explicita com jeitinho a fragilidade da democracia racial e social brasileira, tornando ainda transparente a tentativa padronizadora perpetrada pelo branqueamento. Aqui, o autor analisa como as piadas sobre negros contribuem para propagar o racismo e abre caminho para discutirmos mais profundamente as relações étnico-raciais em nosso país.
REF. 40071   ISBN 978-85-87478-71-9